Harald Nahrstedt

# Programmieren von Maschinenelementen

Harald Nahrstedt

# Programmieren von Maschinenelementen

## Berechnungsmethoden, Programmablaufpläne und BASIC-Programme

Mit 96 Bildern und 28 Programmlistings

Friedr. Vieweg & Sohn Braunschweig / Wiesbaden

CIP-Kurztitelaufnahme der Deutschen Bibliothek

**Nahrstedt, Harald:**
Programmieren von Maschinenelementen:
Besprechungsmethoden, Programmablaufpl. u.
BASIC-Programme / Harald Nahrstedt. –
Braunschweig; Wiesbaden: Vieweg, 1986.
ISBN 3-528-04426-8



Das in diesem Buch enthaltene Programm-Material ist mit keiner Verpflichtung oder Garantie irgendeiner Art verbunden. Der Autor übernimmt infolgedessen keine Verantwortung und wird keine daraus folgende oder sonstige Haftung übernehmen, die auf irgendeine Art aus der Benutzung dieses Programm-Materials oder Teilen davon entsteht.



1986



Umsschlaggestaltung: P. Lenz, Wiesbaden
Satz: Vieweg, Braunschweig
Druck und buchbinderische Verarbeitung: W. Langelüddecke, Braunschweig
Printed in Germany

ISBN 3-528-04426-8

# Vorwort

Dieses Buch wendet sich an Praktiker wie Ingenieure und Techniker und an Studenten im ingenieurwissenschaftlichen Bereich. Es versteht sich als Lehr- und Übungsbuch zur Einführung in verschiedene Lösungsmethoden und Rechenverfahren anhand von Maschinenelementen.

Die Informatik als Hilfsmittel des Ingenieurs hat heute einen ähnlichen Stellenwert wie die Numerische Mathematik. Diese hat durch die Anwendung ihrer Methoden auf Digitalrechnern eine größere Bedeutung gewonnen. Das Buch zeigt, wie sich die Informatik als Hilfsmittel des Ingenieurs sinnvoll einsetzen läßt.

Auf der Grundlage der Berechnung von Maschinenelementen wird eine Methode gezeigt, wie sich ein Berechnungsproblem auf systematische Art lösen läßt, ausgehend von der Definition des Problems bis zum fertigen Programm. Im Vordergrund steht dabei der Algorithmus.

Neben einer inhaltlichen Gliederung des Stoffes Maschinenelemente ist eine Übersicht verwendeter Methoden gegeben. Das Buch erhebt keinen Anspruch auf Vollständigkeit. Es zeigt lediglich ein Spektrum verwendeter Methoden.

Das Buch soll dem Leser, der eine Programmiersprache gelernt hat und mit den Methoden der höheren Mathematik vertraut ist, als Anleitung zum systematischen Arbeiten dienen. Dieses Buch kann auch als zusätzliches Lehrbuch zu einem Programmierkurs in BASIC, FORTRAN, etc. benutzt werden.

Alle Programme sind in BASIC erstellt. BASIC stellt eine leicht erlernbare Programmiersprache dar und ist als Untermenge von FORTRAN leicht für andere Programmiersprachen ableitbar. Als BASIC-Version ist das BASIC 80 der Firma Microsoft gewählt worden. Dennoch wurde versucht, die Programme in einem alllgemeingültigen Stil abzufassen. So daß alle auf dem Markt befindlichen BASIC-Versionen nutzbar sind.

Dem Bestreben, in diesem Buch eine praxisrelevante Kombination von technischem und informatischem Inhalt zu schaffen, war meine Tätigkeit in der Unternehmensberatung und Softwareentwicklung förderlich. Für Anregungen und Kritik bin ich dankbar.

Mein besonderer Dank gilt all denen, die direkt oder indirekt zur Entstehung dieses Buches beigetragen haben.

Hamm, im Frühjahr 1985 Harald Nahrstedt

# Inhaltsverzeichnis (systematisch)

# Inhaltsverzeichnis (nach Methoden geordnet)

# 1 Grundlagen

## 1.1 Methodik einer Programmentwicklung

Durch die immer umfangreicher werdenden Ansprüche für den Einsatz von Computern und die damit verbundene komplexere Programmentwicklung haben sich im Laufe der Zeit Methoden entwickelt, die eine rasche, übersichtliche und wenig fehlerbehaftete Programmierung ermöglichen. Über diese vielfältigen Methoden gibt es entsprechend ausreichend Literatur. Dieses Buch soll nur einen methodischen Weg aufzeigen und nutzen.

Trotz seiner Einfachheit führt er doch in den meisten Fällen zu erstaunlichen Ergebnissen. Zur besseren Anschaulichkeit wähle ich dazu als Beispiel die Gewichtsbestimmung von Maschinenteilen.

Die Methodik der hier beschriebenen Programmentwicklung gliedert sich in fünf Schritte. Sie werden am genannten Beispiel demonstriert.

> **1. Schritt:**
> **Eindeutige und umfassende Definition des Problems**

Der erste Schritt ist immer die eindeutige Definition des betrachteten Problems. Sehen wir das gewünschte Programm einmal als die berühmte *black box* in Bild 1-1 an, so formt das Programm Eingaben mittels Programmanweisungen in Ausgaben um. Da bestimmte Ausgaben gebraucht werden, lassen sich daraus auch sofort die notwendigen Eingaben ableiten. Gleichzeitig ergeben sich die Umformvorschriften von den Eingaben zu den Ausgaben, also die notwendigen Programmanweisungen. Ihr zeitlicher richtiger Ablauf ist die Lösung des Problems. Ein solcher heißt *Algorithmus*. Die Realisierung eines Algorithmus auf einer Rechenanlage führt zu den notwendigen Programmanweisungen.

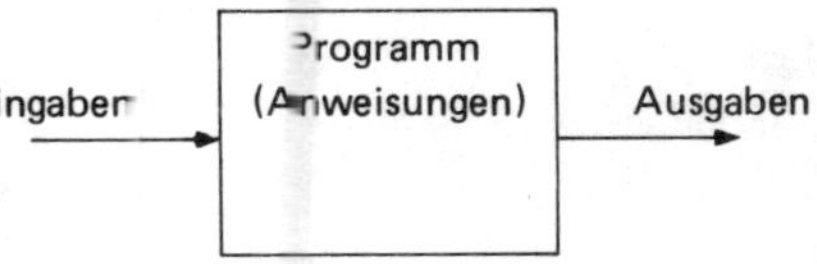


**Bild 1-1**
Programm als black box

Zur Beschreibung des Problems sind alle Gedankengänge (Forderungen, Wünsche, Restriktionen, etc.) ungeordnet aufzuschreiben. Erst danach wird nach Stichpunkten geordnet. Auch nutzlos erscheinende Einfälle sind zu notieren. Sie runden die Definition ab. Oft schon sind gerade diese Einfälle später zu entscheidenden Faktoren der Programmentwicklung geworden.

Für das Beispiel der Gewichtsbestimmung bedeutet dies:

- Maschinenteile komplizierterer Form werden in die einfachen Grundkörper Rechteckplatte, Dreieckplatte und Hohlzylinder zerlegt. Das Gewicht eines Maschinenteils bestimmt sich somit aus der Summe der Gewichte der Grundkörper. Ein negatives Gewicht ist dabei eine Aussparung.

- Die Dichteeingabe soll als Standardvorgabe die von Stahl mit 7.85 kg/cdm sein. Die Dichte wird dabei einmal angewählt und bleibt so lange aktuell bis eine erneute Eingabe einen neuen Wert bestimmt.
- Die Summenbildung der einzelnen Grundkörpergewichte erfolgt in verschiedenen Speichern. Auch hierbei wird der aktuelle Speicher einmal angewählt und bleibt so lange aktuell bis ein neuer Speicher angewählt wird.
- Die Zusammenfassung von gebildeten Summen zu neuen Summen soll ebenfalls möglich sein.

**2. Schritt:**
**Beschreibung einer möglichen Lösung des Problems**

Oft erscheint die Lösung eines beschriebenen Problems zu komplex, um sofort eine umfassende Lösung nennen zu können. Hier hilft die *top-down-design-Methode* (kurz: tdd-Methode). Sie hat eine einfache Benutzungsregel. Jedes zur Lösung anstehende Problem oder Teilproblem wird so lange wieder in Teilprobleme zerlegt, bis eine Lösung genannt werden kann. Notfalls wird die Zerlegung in Teilprobleme bis hin zu einer einfachen Formel durchgeführt. Teillösungen entnimmt man der Literatur, entwickelt sie selbst oder findet sie als Teillösungen in vorhandenen Programmen. Daher ist es besonders wichtig, Programme strukturiert zu schreiben und umfassend zu kommentieren.

Anfängliche Schwierigkeiten bei der Zerlegung in Teilprobleme treten nach einigen Übungen nicht mehr auf. Es spielt keine so große Rolle, nach welchen Gesichtspunkten ein Problem in Teilprobleme zerlegt wird. Der Vorgang selbst schafft Klarheit.

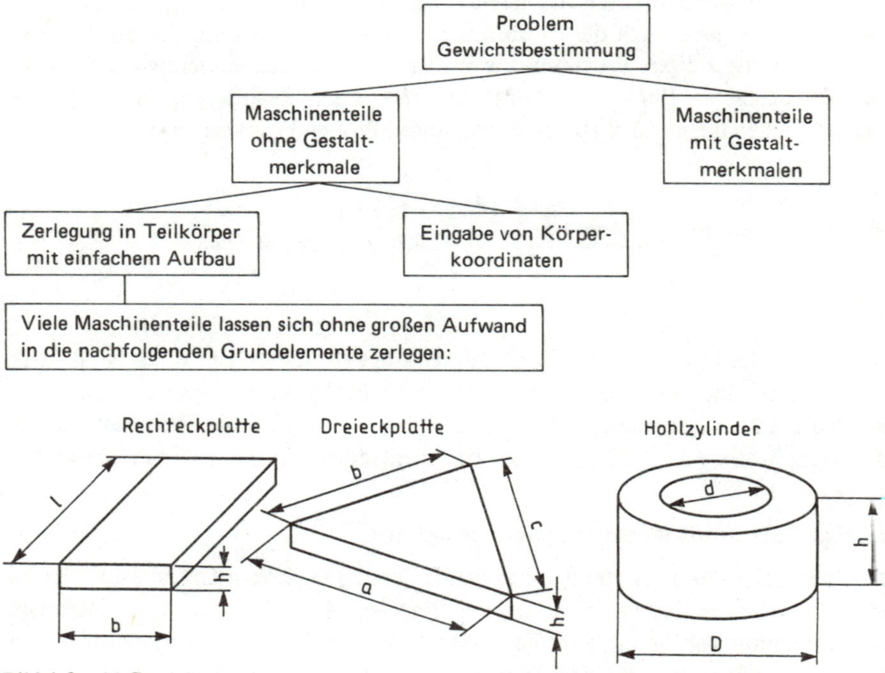


**Bild 1-2** tdd-Gewichtsbestimmung

Unser Beispiel finden Sie nach der tdd-Methode in Bild 1-2. Auch wenn die Lösung eines Problems klar auf der Hand liegt, kann mittels der tdd-Methode oft noch eine bessere Lösung gefunden werden. Dies gilt auch für den Bereich konstruktiver Lösungsfindungen. Dies als Ergänzung zum Kapitel 1.2 in [1]. Sie können Bild 1-2 noch weiter ergänzen.

**3. Schritt:**
**Beschreibung des zeitlichen Ablaufs der gefundenen Lösung in graphischer Form**

Unsere Sprache ist trotz ihrer Vielfalt für bestimmte Beschreibungen unzureichend. So hat sich in der Technik die Technische Zeichnung als Sprachmittel des Konstrukteurs bewährt. Für den Informatiker ist das Flußdiagramm ein solches Sprachmittel. Ein Flußdiagramm erlaubt durch das Hintereinanderreihen von Bildsymbolen den zeitlich richtigen Ablauf einer Lösung darzustellen. Ein Algorithmus wird so graphisch wiedergegeben und übersichtlicher. Dazu bedarf es nur ganz einfacher Bildsymbole. Sie sind in Bild 1-3 dargestellt. Mit ihrer Hilfe stellt sich der Algorithmus zur Gewichtsberechnung in Bild 1-4 dar.

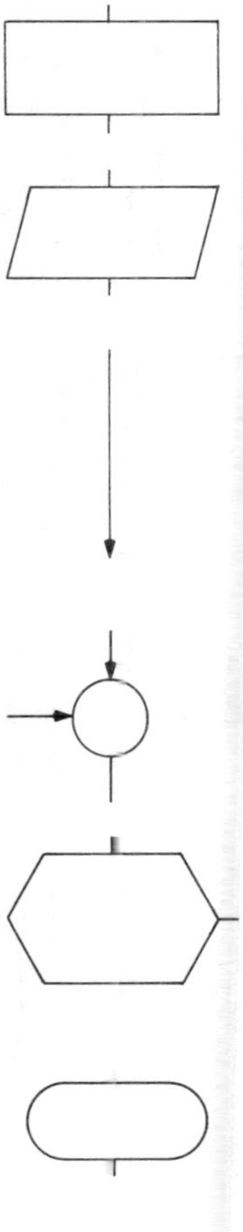

Ein Rechteck
kennzeichnet Operationen wie
Wertzuweisungen, Berechnungen, etc.

Ein Parallelogramm
kennzeichnet
Ein- und Ausgaben

Eine Linie
verbindet die Symbole und
kennzeichnet die Ablaufrichtung
(Flußrichtung), vorzugsweise von
oben nach unten und von links
nach rechts

Ein kleiner Kreis
kennzeichnet das Zusammentreffen mehrerer Flußrichtungen
oder eine Unterbrechung

Ein doppeltes Trapez
kennzeichnet eine bedingte Programmverzweigung, dabei steht
die Bedingung im Symbol

Ein länglicher Kreis
kennzeichnet eine besondere
Stelle im Programm (wie Start
und Ende)

**Bild 1-3**
Flußdiagramm-Elemente

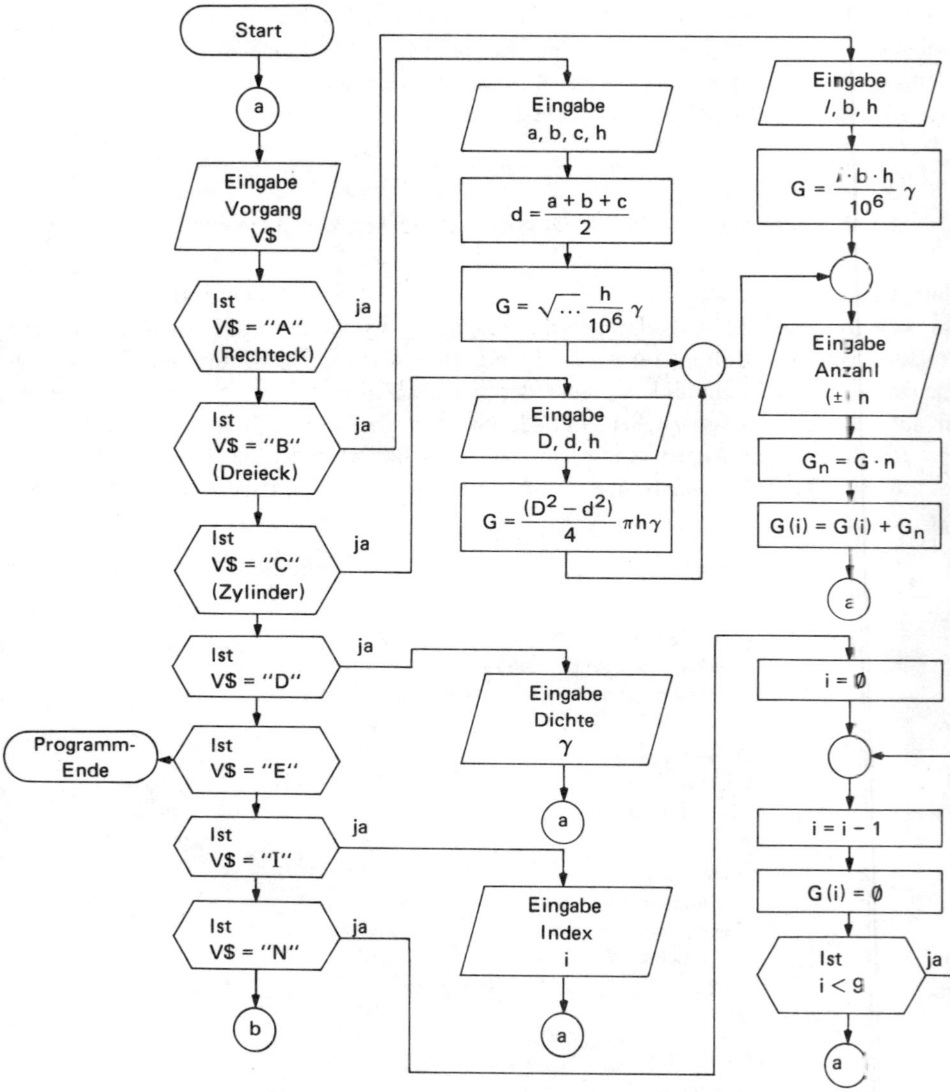


**Bild 1-4** Flußdiagramm zur Gewichtsberechnung von Maschinenelementen durch Zerlegung in finite Grundkörper

**4. Schritt:**
**Umsetzung Flußdiagramm in BASIC-Programm**

Nun ist es nicht mehr schwer, das zugehörige BASIC-Programm zu schreiben. Im Prinzip läßt sich jedem Flußdiagramm-Element eine Programm-Anweisung zuordnen (Bild 1-5). Die zeitliche Folge der graphischen Elemente wird im Programm durch Anweisungsnummern vor den Anweisungen realisiert. Diese werden üblicherweise in Zehner-Sprüngen gewählt, so daß spätere Einfügungen möglich sind.

Der Ordnung wegen erhält jedes geschriebene Programm einen Kommentarkopf. Darin werden Programmname (max. 8 Zeichen), Entstehungs- bzw. letztes Änderungs-Datum und eine kurze Programmbeschreibung eingetragen. Auch einzelne Programm-Module werden durch Kommentierung kenntlich gemacht. Dadurch wird eine schnelle Einarbeitung und die Suche nach Teillösungen unterstützt.

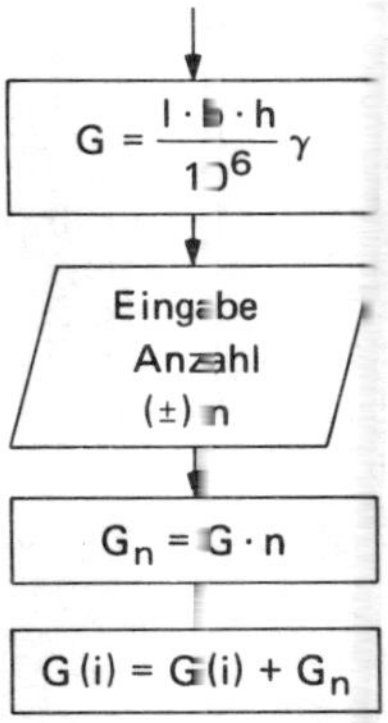


```
G = L * B * H/1E6 * D   (D ≙ γ)

INPUT"ANZAHL ="; N

GN = G * N

G (I) = G (I) + GN

usw.
```

**Bild 1-5**
Teil einer Umsetzung Flußdiagramm in Programm

Wir erhalten das Programm PRG 1-1, siehe Listing 1.1 Gewichtsberechnung.

Der Aufbau ist bereits von Erfahrungswerten geprägt. Es hat sich in der Praxis als zweckmäßig erwiesen, die Nutzung eines Programms in Vorgänge wie Eingabe, Zeigen, Drucken, etc. zu unterteilen und diese Funktionen durch ein Menü anzuwählen. Man spricht von *Menütechnik*. Auch die Anwahl einzelner Programme kann mittels Menütechnik durch ein eigenständiges Programm geschehen. Sie finden einen Programmvorschlag im Anhang.

Zur nachfolgenden Funktionsbeschreibung wird mit < >-Zeichen auf eine Taste hingewiesen. <A> ist also die Taste A. Beim Programmstart steht der Summenindex auf 1 und der Dichtewert auf 7.85 kg/dm^3 (für Stahl). Mit den Tasten <A>, <B> oder <C> werden die finiten Elemente Rechteckplatte, Dreieckplatte oder Hohlzylinder aufgerufen. Danach erfolgt die Eingabe der formbezogenen Maße. Damit ist eine Gewichtsbestimmung möglich. Durch die Eingabe der Anzahl werden mehrere gleiche Elemente erfaßt. Eine negative Anzahl definiert einen Leerraum. Die Summation der errechneten Gewichte erfolgt in einem Speicher mit dem aktuellen Index. Durch <I> läßt sich dieser im Bereich von 1 bis 9 verändern. Alle Summationsspeicher werden auf Null gesetzt mit <N>. Mit <S>

kann eine Summenbildung der Gewichtssummen ausgeführt werden. Jede Gewichtssumme des angegebenen Indizes wird dabei auf die bestehende Summe addiert. Ein Neuaufruf mit <S> setzt die Gesamtsummenbildung zunächst auf Null. Mit <E> endet das Programm.

**5. Schritt:**
**Programmoptimierung**

Erst wenn Sie Ihr Programm fertig entwickelt und den Programmablauf Ihren Wünschen angepaßt haben, sollten Sie im letzten Schritt Ihr Programm optimieren. Dabei sollten Sie folgende Punkte beachten:

- Lassen sich gleiche oder ähnliche Anweisungsfolgen eventuell in einem Unterprogramm zusammenfassen?
- Lassen sich Anweisungen durch effizientere Anweisungen ersetzen?
- Läßt sich der Programmablauf schneller gestalten?
- Gibt es vielleicht für Programmteile eine bessere Lösung?
- Ist das Programm ausreichend kommentiert?

Im Programm PRG1-1 stellen wir gleiche Anweisungsfolgen bei der Gewichtsbestimmung der einzelnen finiten Elemente fest. So haben die Zeilen 280–310, 400–430 und 500–530 identische Anweisungsfolgen. Mit

280 GOTO 500 und
400 GOTO 500

erfolgt die Zusammenfassung. Die Zeilen 290–310 und 410–430 werden gelöscht.

## 1.2 Programmstandards

Wie bereits vorher erwähnt, ist der Programmaufbau von Erfahrungswerten geprägt. Da Sie diese und weitere Programme auch an andere weitergeben werden, gilt als oberster Leitsatz:

*Haben Sie Mitleid mit dem Anwender.*

Es geht nicht darum durch das Programm zu zeigen wie es um Ihre Programmierkünste bestellt ist. Der Anwender muß das Programm sicher handhaben können. Je einfacher die Handhabung, umso gelungener das Programm. Die Kunst liegt also im Weglassen.

Bei jedem neuen Programm stellt sich immer wieder die Frage nach Aufbau und Ablauf. Durch die Einführung von Standards wird viel Zeit gewonnen. Programme, die alle nach dem gleichen Muster „gestrickt" sind, sind sicherer nutzbar. Es kommt auf eine Normung des Dialogs Mensch – Maschine an. Gemeint ist der Bildschirmdialog und die Druckausgabe. Aber auch die Art der Programmgestaltung.

### 1.2.1 Der Bildschirmdialog

Beginnen wir mit der Bildschirmaufteilung. Die Zeilen 1 bis 3 sind zur Programmerkennung, zur Datumsangabe, etc.; kurz hier steht der Programmkopf. Die Zeilen 4 bis 16 dienen zur Eingabe und zum Anzeigen der Daten. In Zeile 18 werden die Steuerbefehle

```
 1                         40
---------------------------------------------------
 1 MASCHINENELEMENTE-BASIC
 2 Programmname                 Datumsanzeige
 3
 4 Listenkopf
 :
16 Listenende
17
18 Vorgang : ?                  Kurzhinweise
19
20 Benutzerhilfstexte
 :
24
---------------------------------------------------
```

**Bild 1-6** Bildschirmaufteilung

aufgerufen und angezeigt. Außerdem können hier wichtige Kurzinformationen eingeblendet werden. Zeile 20 bis 24 dient zum Einblenden abgeforderter Informationen. Diese werden immer dann eingeblendet, wenn die Taste <?> gedrückt wird. Wann diese gedrückt werden kann wird durch ein ?-Zeichen auf dem Bildschirm angedeutet. Steht der Cursor, die Marke der aktuellen Bildposition, auf einem ?-Zeichen, kann <?> gedrückt werden. Bild 1-6 zeigt diese frei gewählte Einteilung. Um es noch einmal deutlich zu sagen, es liegt ganz bei Ihnen diese Einteilung zu verändern.

Nach dieser Einteilung liegt zwischen den Zeilen 4–18 das eigentliche Arbeitsfeld. Auch hier gibt es wieder Erfahrungswerte. So sollte das Arbeitsfeld unseren schriftlichen Gewohnheiten entgegenkommen. Ähnliche, ständig wiederkehrende Daten schreiben wir häufig in Listen auf. Das *Listen-Prinzip* soll auch im Programm Anwendung finden. Damit die Eingabe immer in der gleichen Zeile geschieht, werden vorherige Daten-Zeilen nach oben gerollt; natürlich mittels eines Programm-Standards.

Anders bei unterschiedlichen Daten. Hier wenden wir das *Formblatt-Prinzip* an. Genau wie in einem Formblatt werden an dafür vorgesehenen Stellen Eingaben vorgenommen. Eine Kombination beider Eingabeformen ist auch sehr häufig und wird in den nachfolgenden Programmen gezeigt.

Außer der Eingabe von Daten ist auch das Zeigen, Löschen, etc. von Daten erforderlich. Nach dem Programmstart kommt zuerst die Frage nach dem Vorgang (Zeile 18). Sind die Vorgänge unbekannt, kann mit <?> Hilfstext in den Zeilen 20–24 aufgerufen werden. Ein Vorgang wird durch sein Anfangszeichen aufgerufen. So steht <E> für Eingabe, <Z> für Zeigen, <D> für Drucken, usw. Einmal vergebene Steuerzeichen kehren in allen Programmen wieder. Dadurch prägen sie sich ein. Die Aufgabenteile eines Programms werden somit auch nach der Menütechnik aufgerufen. Während bei der Programmzuweisung die Menükarte auf dem Bildschirm erscheint (aktiv, denn dies ist die Hauptfunktion des Programms MENUE), wird sie beim Programm-Vorgang nur auf Abruf eingeblendet (passiv). Hier gilt die Regel: So wenig wie nötig darstellen.

Außer der Bildschirmaufteilung wird auch die Eingabe von Daten genormt. Dazu ist einiger Programmieraufwand zu treiben. Der INPUT-Befehl ist unzureichend. Der bessere

Dialog anderer Programmiersprachen soll hier ein Vorbild sein. Außer der Dateneingabe und deren Abschluß mit <RETURN> sollen auch noch die Tasten <ESC>, <<–> und <–>> genutzt werden. Die Escape Taste dient zum direkten Sprung für ein vorher programmiertes Ziel. Dies soll in der Regel die vorherige Eingabe sein. Die beiden Pfeiltasten stehen mit der Eingabevariablen in besonderer Beziehung. So zeigt <<–> den alten Inhalt der Variablen an und erwartet weiterhin eine Eingabe. Mit <–>> kann dieser alte Inhalt übernommen werden. Das Programm erwartet keine weitere Eingabe und der Ablauf wird fortgesetzt.

Bild 1-7 zeigt die genormte Eingabe in der richtigen Reihenfolge. Als erstes wird an entsprechender Stelle auf dem Bildschirm eine sogenannte Eingabemaske ausgegeben. Es sind bei Texteingaben Tiefstriche mit der maximalen Anzahl eingebbarer Zeichen. Dadurch

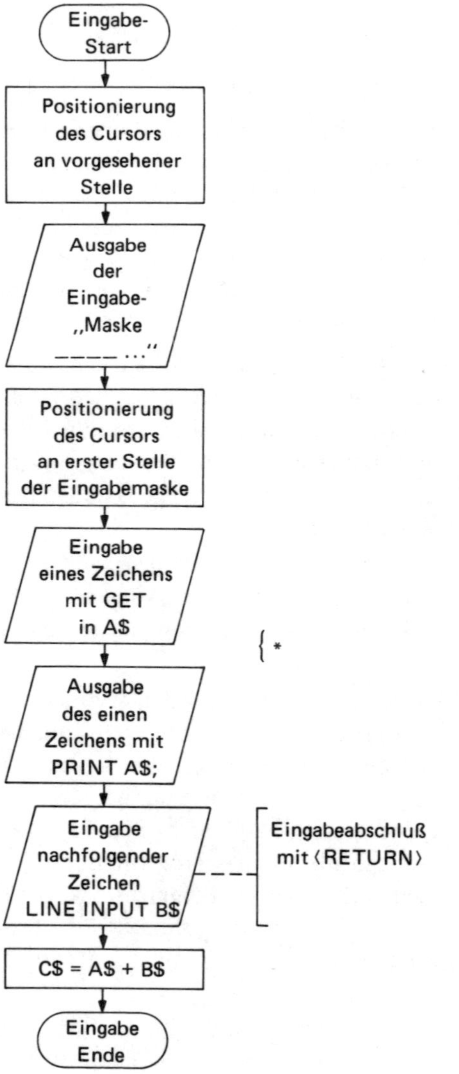


**Bild 1-7**
Aufteilung einer Eingabe zur benutzerfreundlichen Handhabung

* Hier folgt eine Ergänzung

wird dem Benutzer anschaulich die Eingabegrenze signalisiert. Ähnliches gilt für Zahlen. Nur die Stelle des Dezimalpunktes wird auch mit einem Dezimalpunkt gekennzeichnet. So sieht eine Eingabemaske für eine Zahl mit maximal 4 Vor- und 2 Nachkommastellen aus: „____.__“ Dadurch wird dem Benutzer zunächst wieder einmal die Grenze der Eingabe angezeigt und außerdem auf eine Eingabe mit Dezimalpunkt (nicht Komma) hingewiesen.

Die Eingabe selbst wird in zwei Teile zerlegt. Der erste Eingabeteil besteht aus einem Zeichen und der zweite Teil aus allen nachfolgenden Zeichen. Dieses erste Zeichen wird über den GET-Befehl eingelesen. Dabei wird die Eingabe eines Zeichens (auch Steuerzeichens) erwartet und dann der Programmablauf fortgesetzt. Diese Eingabe wird nicht auf dem Bildschirm protokolliert, so daß anschließend noch ein PRINT-Befehl das Zeichen zeigt. Danach kann die Eingabe aller weiteren Zeichen erfolgen. Da keinerlei Text zur weiteren Eingabe erforderlich ist, verwenden wir den LINE INPUT-Befehl. Der INPUT-Befehl mit Leertext " " genügt auch. Diese Eingabe muß mit <RETURN> abgeschlossen werden. Nach der Eingabe werden beide Teile wieder zusammengesetzt.

Durch diese Aufteilung der Eingabe können nun beliebige Eingabefunktionen integriert werden. Diese Art der Eingabe wird nachfolgend als *Integrierte Eingabe* bezeichnet und in allen weiteren Programmen verwendet. Als Symbol verwenden wir das der bisherigen Eingabe mit zusätzlichen Zeichen. Bild 1-8 zeigt dieses Symbol. Es erhält eine zusätzliche Verzweigung bei Escape. Wird Hilfstext zur Eingabe erforderlich, so wird mit einem ?-Zeichen im Symbol darauf hingewiesen.

In Bild 1-8 sind auch alle in den nachfolgenden Programmen verwendeten Steuerzeichen wiedergegeben. Mit der Escapetaste (ASCII-Code = 27) wird ein Sprung zu einer programmierten Stelle ausgeführt. Mit der Pfeiltaste nach links (ASCII-Code = 8) wird der alte Inhalt der Eingabevariablen angezeigt. Mit der Pfeiltaste nach rechts (ASCII-Code = 21) wird der alte Inhalt übernommen. Wird bereits beim ersten Zeichen die Return-Taste (ASCII-Code = 13) betätigt, so bedeutet dies das Ende der Eingabe und damit die Eingabe von Leertext " " bzw. einer Null bei Zahleneingabe. Wie bereits beschrieben, kann noch mit dem ?-Zeichen Hilfstext aufgerufen werden.

Sind auf einem System die Pfeiltasten nicht vorhanden, so kann mit den Zeichen < und > dieser Service ebenfalls realisiert werden. Der Sprung bei Escape sollte nun immer zur vorherigen Eingabe zurückführen. Dadurch können Eingabefehler sehr leicht korrigiert werden. Bei der ersten Eingabe führt Escape dann zurück in den Vorgangsverteiler des Programms. Wird auch hier die Escape-Taste betätigt, erfolgt ein Aufruf der Programm-Menükarte. Ein Escape in der Programm-Menükarte letztlich führt zur Frage: Systemende ?. Mit <J> wird dann die Nutzung beendet. Bild 1-9 zeigt die Anordnung einer solchen *verketteten Eingabe*. Diese Verkettung gilt für den gesamten Dialog im Programm. Also auch bei Vorgängen wie Zeigen, Drucken, Löschen, etc.

Die naturwissenschaftlich orientierte Programmiersprache BASIC verwaltet Zahlen in Fließkomma-Form. Dies führt je nach Größe der Zahl zu unterschiedlichen Darstellungsformen. Damit ist auch die Position des Dezimalpunktes unterschiedlich. Bei Zahlendarstellungen in Listenform führt dies zu einem unsauberen Bild. Der PRINT USING-Befehl schafft hier nur bei direkter Ausgabe Abhilfe. Nicht so bei der Verkettung von Teiltexten mit Zahlendarstellungen. Dazu wird eine Folge von Anweisungen als Unterprogramm er-

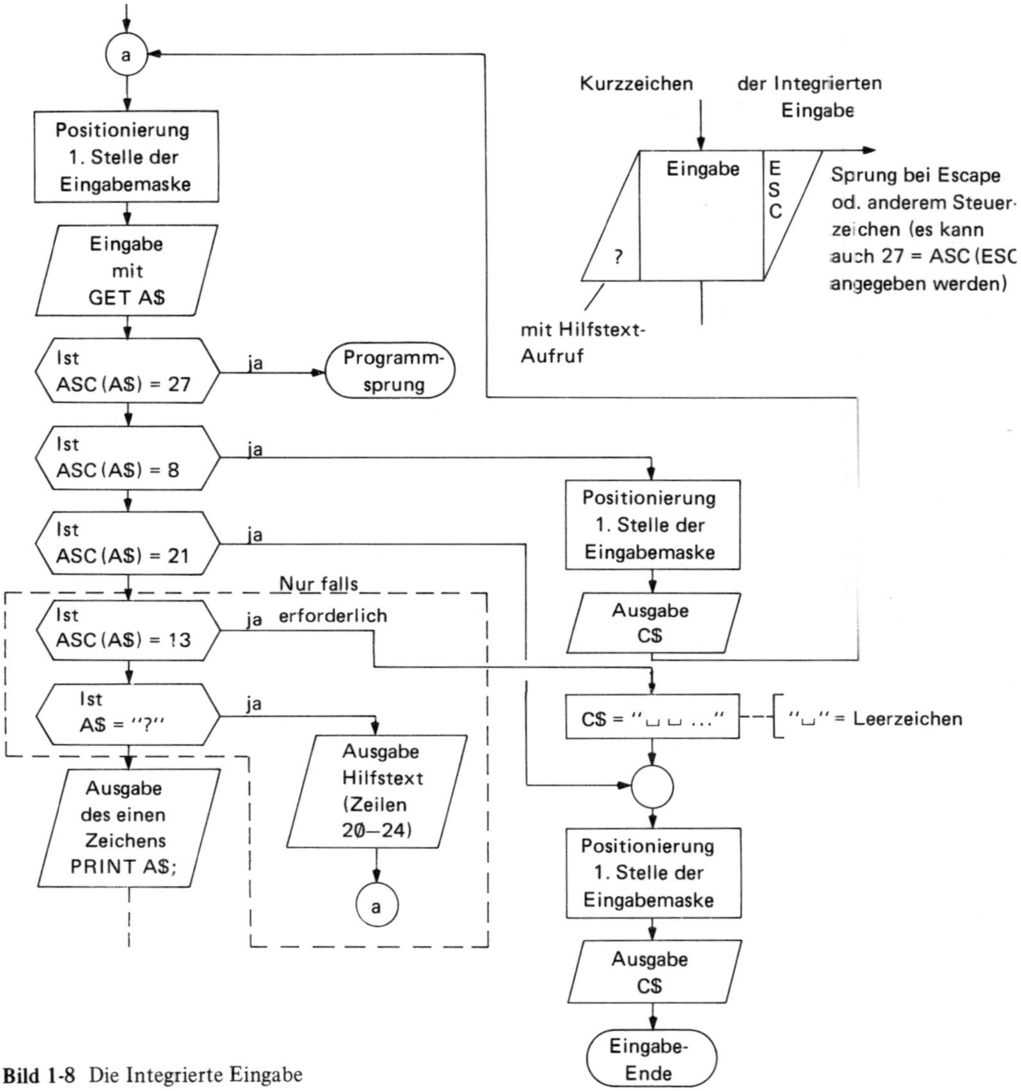


**Bild 1-8** Die Integrierte Eingabe

forderlich. Solche in allen Programmen wiederkehrenden Anweisungsfolgen werden oft als *Tools* (Programmier-Werkzeuge) bezeichnet. Die Normierung einer Zahl auf eine bestimmte Anzahl Vor- und Nachkommastellen geschieht zunächst unter Zerlegung in den Vorkomma- und Nachkommateil. Diese werden dann separat aufgearbeitet und abschließend wieder zusammengesetzt.

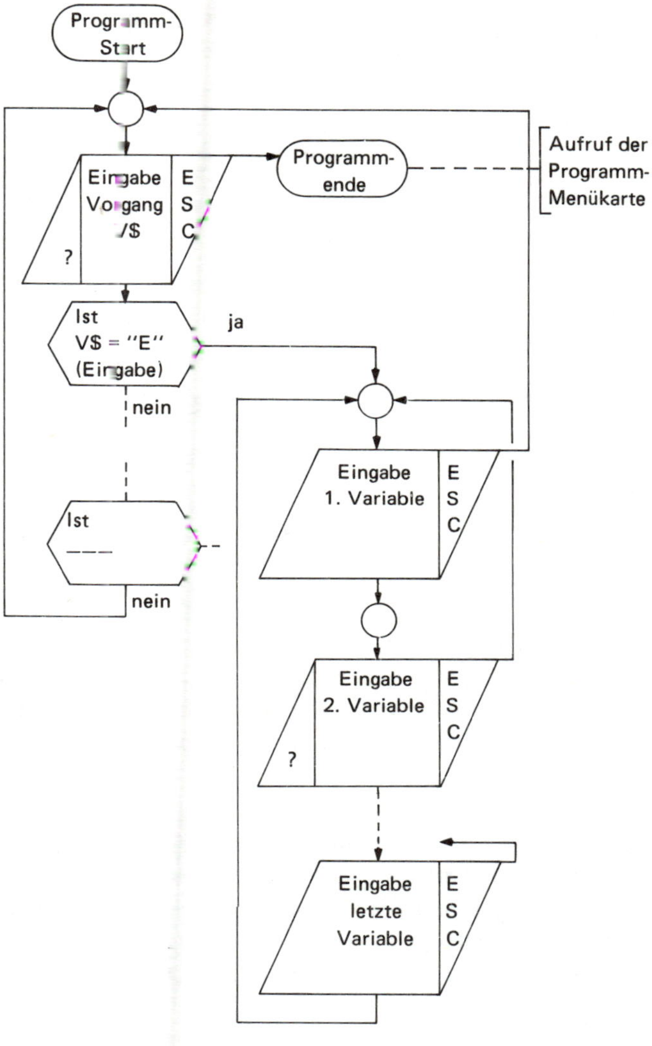


**Bild 1-9**

Verkettete Eingaben

### 1.2.2 Die Druckausgabe

Auch eine Druckausgabe sollte nach einem Standard ausgerichtet sein. So bekommt jede Seite zunächst einen Blattkopf, der den Ursprung erklärt. Die nächste Zeile enthält Datum und Blattnummer. Beides sollte nie auf einem Ausdruck fehlen. In einer weiteren Zeile wird der Inhalt des Ausdrucks angegeben. Wie z.B. GEWICHTSBERECHNUNG. Er wird deutlich lesbar rechtsbündig angeordnet. So wird ein solcher Ausdruck beim Blättern in abgehefteten Unterlagen leichter wiedergefunden. Danach folgt die eigentliche Druckausgabe. Die letzte Zeile eines Blattes wird durch eine Endzeile gekennzeichnet. Sie begrenzt das Blatt optisch und ist eine gute Hilfe beim Kopieren. Bild 1-10 zeigt die so bestimmte Standard-Druckausgabe.

```
1  ----------------------------------------------
2                        Autor
3            MASCHINENELEMENTE - BASIC
4                        Verlag
5  ----------------------------------------------
6  Datum                                    Blatt
7
8                               GEWICHTSBERECHNUNG
9
10 Listenkopf
11 ----------------------------------------------
.
.
.
65 NAHRSTEDT MASCHINENELEMENTE - BASIC ----------
```

**Bild 1-10** Aufteilung eines Programm-Ausdrucks

## 1.3 Diskettendateien

Eine der wichtigsten Eigenschaften von Computeranlagen ist die permanente Speicherung von Daten auf sogenannten Datenträgern. Im Mikrocomputerbereich ist die Diskette das beliebteste Speichermedium. Sie bietet fast alle Vorteile der größeren Plattenspeicher und ist dennoch relativ preiswert. Technische Details finden Sie in den entsprechenden Handbüchern [6, 9].

Eine Diskette dient zur Speicherung von Daten jeder Art. Dabei sind Programme mit ihren Anweisungstexten eine Form von Daten. Alle übrigen Daten sind Eingaben oder Ausgaben im Sinne von Bild 1-1. Der Transport der Daten vom Computer zur Diskette wird als *Schreiben* und umgekehrt als *Lesen* bezeichnet. Zur Speicherung von Programmen gibt es zu jedem System eindeutige Schreib- und Lesebefehle.

Alle anderen Daten werden als logische Einheit in eine *Datei* (*Da*ten-Kar*tei*) geschrieben und von dort gelesen. Zum Dateiaufbau gelangt man über die Frage nach gleichen wiederkehrenden Daten. Dazu das Beispiel der Gewichtsberechnung. Welche Daten kennzeichnen ein finites Gewichtselement im Programm? Im Einzelnen sind dies

1. Form des Elements (A, B oder C)
2. Maße des Elements = Volumen
3. Anzahl der Elemente (+/−)
4. Spezifisches Gewicht
5. Index zur Summenbildung.

Diese Daten sind für jedes Gewichtselement erneut festzulegen. Sie bilden einen sogenannten *Datensatz*. Eine Anzahl von Datensätzen, die das Körpergewicht eines Maschinenteils wiedergeben, kann als Datei betrachtet werden.

Die Anordnung von Datensätzen innerhalb einer Datei ist immer linear (aufeinander folgend). Nach der Art des Schreibens und Lesens einzelner Datensätze unterscheiden wir verschiedene Dateitypen.

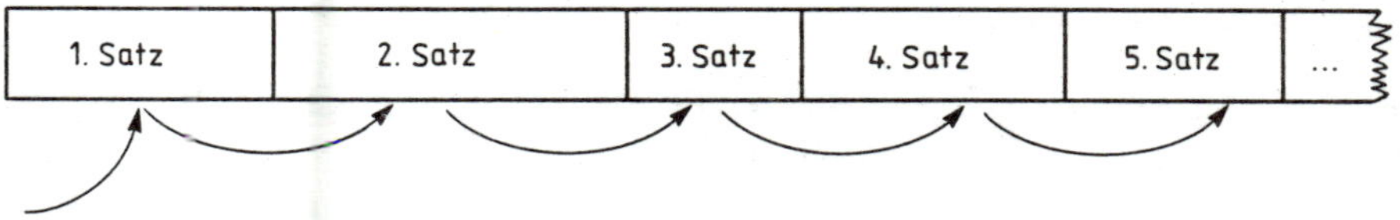


**Bild 1-11** Lesen in einer sequentiellen Datei

Die erste und einfachste Form ist die *sequentielle Datei*. Die Datensätze werden in der Reihenfolge ihres Schreibens in der Datei angeordnet. Nach Beendigung ist in der Regel ein weiteres Anfügen nicht möglich. Die Datensätze selbst können unterschiedliche Längen (Inhalte) besitzen. Ein Problem ist jedoch das Lesen eines bestimmten Satzes, Bild 1-11. Er kann nur durch selektives Lesen aller Sätze nacheinander, beginnend beim 1. Satz, gefunden werden.

Der zweite Dateityp bei Mikrocomputern ist die *random-organisierte Datei*. Hier werden die Datensätze beim Schreiben entsprechend einer mitgenannten Satznummer aufsteigend angeordnet. Damit ist beim Lesen ein direkter Zugriff auf einen bestimmten Datensatz bei Angabe der Satznummer möglich. Bild 1-12 zeigt diese Anordnung. Auf diesem Dateityp lassen sich noch weitere Datenstrukturen definieren. Dies jedoch in einem weiteren Kapitel.

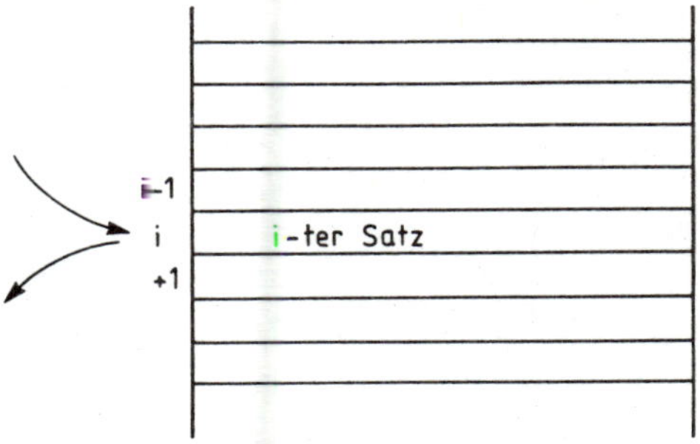


**Bild 1-12**
Lesen in einer random-organisierten Datei

Eine random-organisierte Datei wird im Programm zur Gewichtsberechnung verwendet. Außer den zuvor genannten Daten eines möglichen Satzes soll auch noch das bei der Eingabe bestimmte Gewicht gespeichert werden. Damit bekommt der Satzaufbau seine endgültige Struktur.

| Satzteil | Eingabemaske | Zeichenanzahl | Variable |
|---|---|---|---|
| Form des Elements | _ | 1 | FORM$ |
| Max. 4 Maße | je _____.__ | 4 x 8 = 32 | MA1$,MA2$, |
| Anzahl der Elemente | (+/-)___ | 4 | ANZ$ |
| Spezifisches Gewicht | __.__ | 5 | SGW$ |
| Summationsindex | _ | 1 | IND$ |
| Gewicht der Elemente | ________.__ | 11 | GEW$ |

## 1.4 Der Programmiervorgang

Nachdem der Algorithmus vorliegt (Flußdiagramm) und auch eventuelle Dateien eindeutig definiert sind, kann die eigentliche Programmierarbeit beginnen. Dazu sind folgende Punkte zu beachten. Natürlich kann diese Liste noch ergänzt werden.

- Ein Programm, und sei es auch noch so klein, erhält einen Programmkopf mit Kommentaren. Bestehend aus dem Namen des Programms unter dem es auf der Diskette gespeichert ist. Beispiel

  PRG1-2.

  Außerdem sollte das letzte Datum der Entwicklung bzw. Änderung und der Name des Autors nicht fehlen. Eine zusätzliche kurze Inhaltsbeschreibung hilft bei einer späteren Identifizierung.
- Jedes Kapitel erhält einen deutlich sichtbaren Kommentar über seinen Inhalt. Beispiel

  ———————————<Bildaufbau>———————————

  Zur besseren Übersicht kann in einer Programmliste dieser Kommentar noch mit einem Signalstift hervorgehoben werden.
- Sämtliche Unterprogramme gehören an den Programmanfang. Da bei Programmsprüngen Adressen vom Anfang an gesucht werden, wird somit Zeit gewonnen. Auch ein lästiges Suchen bei der Fehleranalyse entfällt. Anders jedoch bei der Druckausgabe. Da der Drucker in der Regel das langsamste Glied in der Kette der Ausgabeteile ist, bleibt der logische Zusammenhalt hier besser erhalten. Ein solcher Programmblock läßt sich auch leichter transferieren.
- Bei der Programmierung sollten Sie über alle verwendeten Variablen Protokoll führen. Sie vermeiden dadurch Doppelbelegungen. Eine solche Liste aller verwendeten Variablen hilft Ihnen oder anderen bei einer erneuten Einarbeitung ins Programm. Ein Programm zur Eingabe mit anschließender alphabetischer Sortierung und abschließender Druckausgabe finden Sie im Anhang.

Nach dieser ganzen Theorie nun endlich die neue Version des Programms zur Gewichtsberechnung. Zwischen der neuen und der alten Version besteht ein erheblicher Unterschied. Dabei ist, dank aller Standards und Regeln, der Programmieraufwand kaum größer. Zumal auch das lästige Knobeln über die Programmauslegung entfällt. Der eigentliche kreative Vorgang liegt bei der Algorithmenentwicklung. Danach läuft alles mehr oder weniger schematisch ab. Ist dieser Ablauf mehrmals praktiziert, kann er dem eigenen Stil angepaßt und verändert werden.

# 2 Toleranzen, Passungen und Oberflächen

## 2.1 Toleranzbestimmung und Passungsparameter

Ein großes Problem bei der Suche nach einer geeigneten Toleranz ist die Bestimmung der Toleranzgröße und die Berechnung der möglichen Extremwerte einer Passung. Dies gilt genauso für die anschauliche Lage der Toleranzfelder, usw.

Die Größe eines Toleranzfeldes bestimmt sich als Vielfaches aus der Toleranzeinheit i. Dennoch ist durch Rundung die Abweichung von den Formeln so groß, daß eine rechnerische Auslegung ohne großen Aufwand nicht möglich ist. Halten wir uns lieber an vorhandene Tabellen. In Tabelle A2-4 [1] sind zu jedem Nennmaßbereich und zur ISO-Grundtoleranz die Toleranzfeldbreiten vorgegeben. Beschränkt wird die Datenmenge auf die im Kapitel 2 [1] angegebenen allgemeinen Anwendungsbeispiele für Passungen; und dies nur für das System Einheitsbohrung. Änderungen und Ergänzungen sind für den nachfolgenden angegebenen Algorithmus leicht durchführbar.

Der Nennmaßbereich von 1 bis 500 mm unterteilt sich in 25 Teilbereiche. Die oberen Grenzmaße $N_0$ eines jeden Teilbereiches ergeben zusammengefaßt den Vektor

$$N_0 = \begin{Bmatrix} N_{0_1} \\ N_{0_2} \\ \vdots \\ N_{0_{25}} \end{Bmatrix} = \begin{Bmatrix} 3 \\ 6 \\ \vdots \\ 500 \end{Bmatrix}$$

Damit ist $N_{0_i}$ der obere Grenzwert des i-ten Teilbereichs. Genauso läßt sich zu jeder Toleranzklasse wie H6, s5, j6, usw. bezogen auf einen Nennmaßbereich ein Toleranzfeld festlegen. Allgemein ist $T_k$ eine beliebige Toleranzklasse und $T_{k_i}$ das Toleranzfeld zum i-ten Nennmaßbereich.

$$T_k = \begin{Bmatrix} T_{k_1} \\ T_{k_2} \\ \vdots \\ T_{k_{25}} \end{Bmatrix}$$

Das Toleranzfeld $T_{k_i}$ wird durch das obere Abmaß $A_{0_i}$ und das untere Abmaß $A_{u_i}$ bestimmt. Damit hat die allgemeine Toleranzklasse die Form

$$T_k = \begin{Bmatrix} A_{u_1}, & A_{o_1} \\ A_{u_2}, & A_{o_2} \\ & \vdots \\ A_{u_{25}}, & A_{o_{25}} \end{Bmatrix}$$

Sind $T_b$ (Toleranzfeld Bohrung) und $T_w$ (Toleranzfeld Welle) die vorgewählten Toleranzfelder als Paarung für ein Passungssystem, so bestimmen sich alle Passungsparameter aus dem nachfolgenden Flußdiagramm in Bild 2-1.

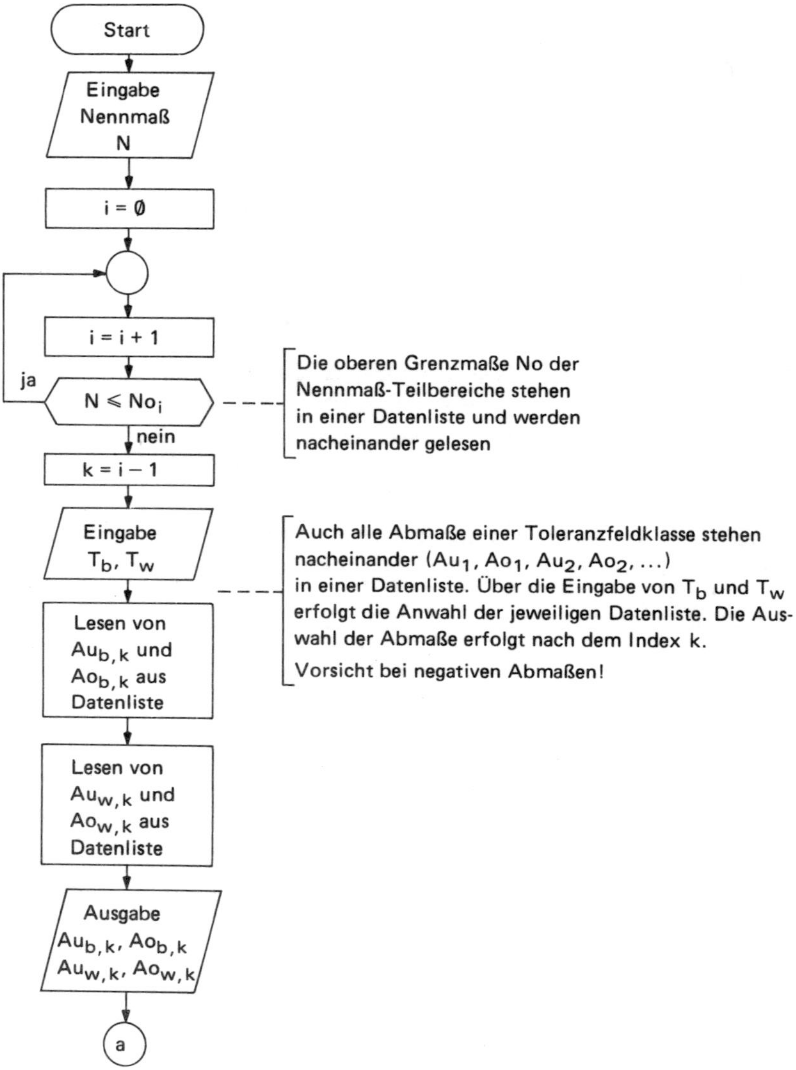


**Bild 2-1** Flußdiagramm zur Auswahl und Berechnung von Passungen

**Bild 2-1** (Fortsetzung)

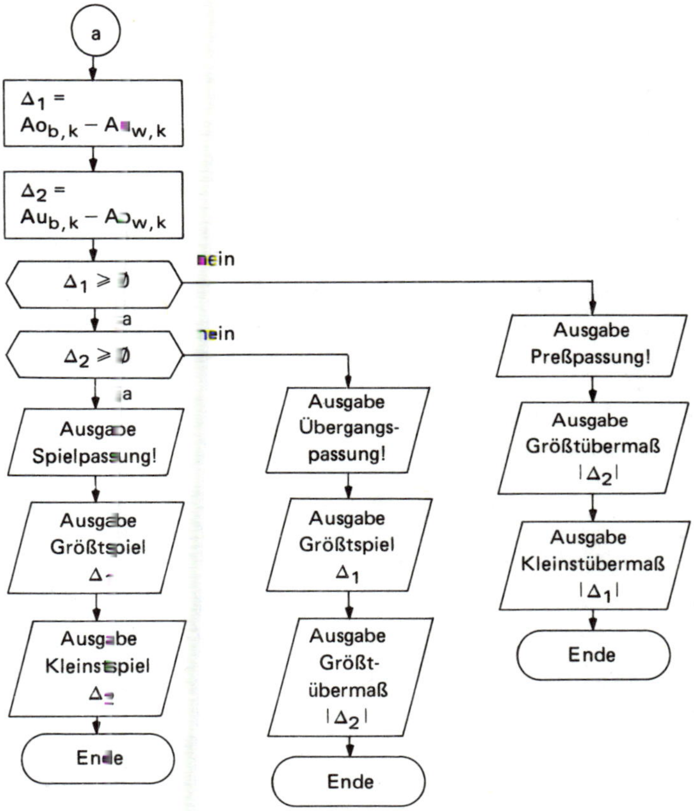


Zur programmtechnischen Nutzung werden die vektoriellen Daten als Datenlisten definiert. In BASIC geschieht dies durch die DATA-Anweisung. So ist der Vektor der oberen Grenzmaße der Nennmaßbereiche für alle Toleranzfeldklassen definiert durch die BASIC-Anweisung:

```
DATA 3, 6, 10, 14, 18, 24, 30, 40, 50, 65, 80, 100, 120, 140, 160, 180, 200, 225,
250, 280, 315, 355, 400, 450, 500
```

Beim Programmstart zeigt ein Zeiger (Pointer), vom Rechner intern gesteuert, auf das 1. Datenelement. Hier also die 3. Wird eine Anweisung

```
READ X
```

ausgeführt, so wird der Variablen X das Datenelement zugewiesen auf das der Zeiger zeigt. Der Zeiger rückt dabei um ein Datenelement weiter. Dies kann mit jeder Variablen erfolgen. Auch mehrere Zuweisungen sind gleichzeitig möglich. Mit

READ X, Y, Z

erhalten nach obiger Datenliste die genannten Variablen die Werte X = 3, Y = 6 und Z = 10. Der Zeiger läßt sich mit dem Befehl

RESTORE

wieder auf das erste Datenelement setzen. Es können auch mehrere Datenlisten mit unterschiedlichen Anweisungsnummern definiert werden. Sie werden wie eine gesamte Datenliste in der Reihenfolge ihrer Anweisungsnummern betrachtet. Nun kann man jedoch mit RESTORE, gefolgt von einer Anweisungsnummer, den Zeiger auf das erste Datenelement der entsprechenden Anweisungszeile setzen. Das nachfolgende Kurzprogramm zeigt anschaulich die Handhabung von Datenlisten.

## 2.2 Oberflächen von Maschinenteilen und ihre Messung

In diesem Kapitel wird eine Methode vorgestellt, die immer dann benutzt wird, wenn normale Berechnungsmethoden versagen. Nicht zuletzt weil hier der Zufall eine maßgebliche Rolle spielt. In [1] steht in Kapitel 2.4 der Satz:

> „Eine mathematische Beziehung zwischen $R_{max}$ und $R_a$ sowie $R_z$ und $R_a$ besteht nicht ...“.

Dazu wird in Anhang A2-6 eine auf Vergleichsmessungen basierende Umrechnungstabelle geliefert. Vergleichsmessungen sind nun zufallsbedingte Ereignisse. Eine Gleichverteilung aller Profilwerte auf der Oberfläche als Vereinfachung vorausgesetzt, besser wäre sicher eine Normalverteilung, läßt sich eine solche Vergleichsmessung im Rechner simulieren. Im Gegensatz zur Gleichverteilung gibt es noch die Normalverteilung (Gaußsche Glockenkurve) nach Bild 2-2, die Exponentialverteilung, etc. Die Normalverteilung wird unter anderem bei der Serienfertigung von Maschinenteilen auf Maßhaltigkeit erzielt. Die Symmetrielinie ist dabei das Nennmaß.

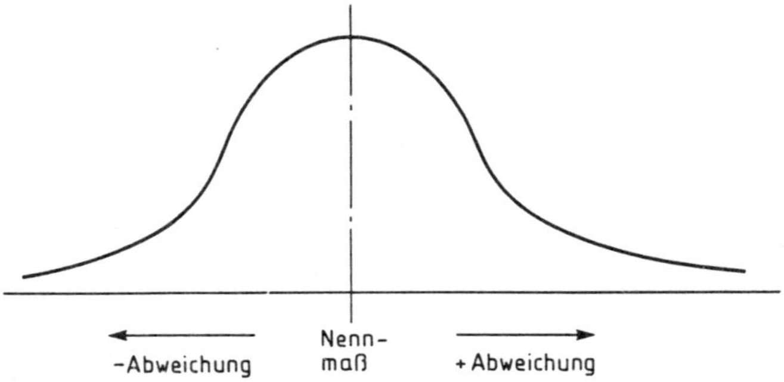


**Bild 2-2** Gaußsche Glockenkurve

Gleichverteilung bedeutet aber, daß jeder Höhenwert innerhalb des Profils gleich oft vertreten ist. Bei Unterteilung der gesamten Profilbreite in, von der Anzahl her beliebige Intervalle und der Zuordnung jedes Meßwertes zu einer solchen Klasse, müßte jede Klasse gleich viele Elemente vorweisen. Immer vorausgesetzt es liegt eine genügende Anzahl Meßwerte vor.

Nun besitzen die meisten Computer einen Zufallszahlengenerator der genau diese Gleichverteilung von Zahlen auf dem Intervall (0, 1) erzielt. Da sie rein technisch jedoch nach einer Gesetzmäßigkeit erzeugt werden, spricht man von *Pseudozufallszahlen*. Eine wichtige Eigenschaft haben sie jedoch mit echten Zufallszahlen gemeinsam, nämlich die *Gleichverteilung*. Das nachfolgende Beispiel soll die Gleichverteilung besser erläutern.

Betrachten wir einen klassischen Zufallszahlengenerator, den Würfel. Theoretisch ist die Wahrscheinlichkeit, eine bestimmte Zahl zu würfeln, genau 1/6. Und dies gleichverteilt für alle Zahlen. Es ergibt sich aber bei z.B. 50 Wurf eine mögliche Verteilung von gewürfelten Zahlen wie sie Bild 2-3 zeigt. Erst bei einer bedeutend höheren Anzahl von Würfen nähert sich die praktische Wahrscheinlichkeit der theoretischen. Bild 2-4 zeigt eine solche Verteilung. Diese Gesetzmäßigkeit der großen Zahl wird in der Statistik vielfach verwendet und man kann in Abhängigkeit von der Anzahl die max. prozentuale Abweichung voraussagen.

Eine Gleichverteilung der Pseudozufallszahlen vorausgesetzt, zeigt das Flußdiagramm in Bild 2-6 den Simulationsablauf. Die einzelnen Meßwerte werden bei der praktischen Vergleichsmessung nach den Regeln der DIN 4760 ausgewertet. Dadurch ergibt sich eine

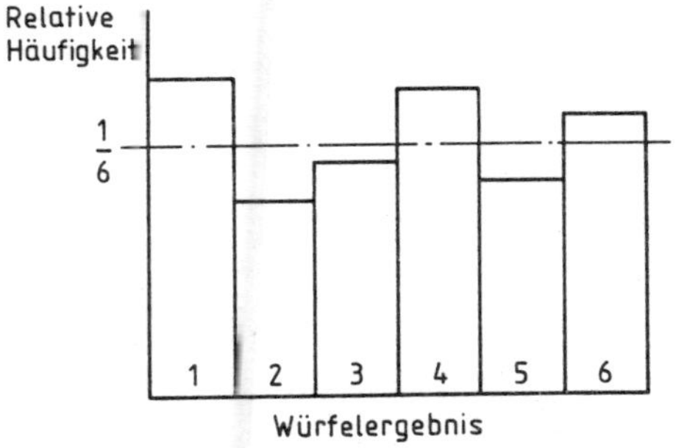


**Bild 2-3** Mögliche Verteilung der Würfel-Ergebnisse bei geringer Anzahl von Würfen

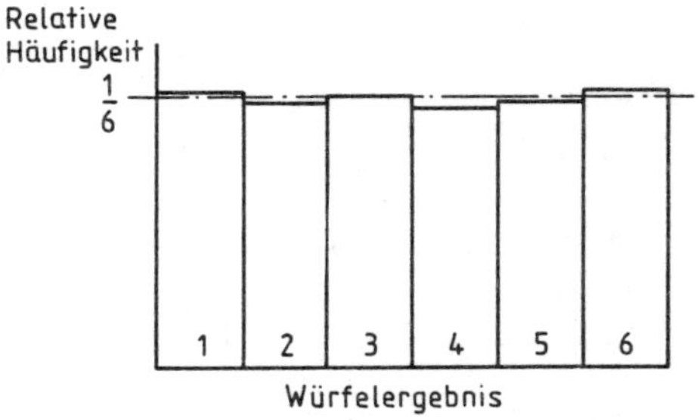


**Bild 2-4** Mögliche Verteilung der Würfel-Ergebnisse bei einer großen Anzahl von Würfen

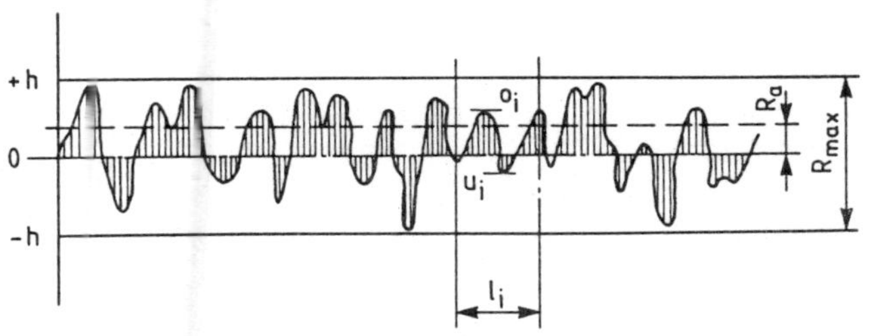


**Bild 2-5**
Oberflächenmaße

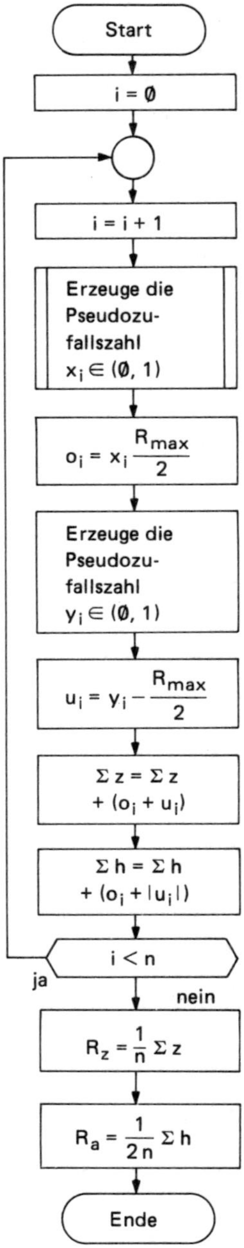


**Bild 2-6**

Flußdiagramm zur Simulation einer Vergleichsmessung

direkte Beziehung der Größen untereinander. Unter Vorgabe von n Zufallszahlen im Intervall (0, 1) und der Profilgröße $R_{max}$ ergeben sich $R_a$ und $R_z$ aus nachfolgenden Gleichungen.

Ist

$$0 <= o_i <= R_{max}/2$$

der im i-ten Intervall gemessene obere Profilwert und

$$-R_{max}/2 <= u_i <= 0$$

der im i-ten Intervall gemessene untere Profilwert, so folgt

$$R_z = \frac{1}{5} \sum_{i=1}^{5} (o_i - u_i) \tag{2.1}$$

und mit dem Meßwert $x_j$

$$R_a = \frac{1}{n} \sum_{j=1}^{n} |x_j|. \tag{2.2}$$

Das hier benutzte Verfahren berührt den Bereich der probabilistischen Simulation. Bei dieser Methode werden Wahrscheinlichkeitsmodelle benutzt, um Aussagen über mögliche Ereignisse zu bekommen. Ein Teilgebiet sind die Warteschlangen-Probleme [11].

# 3 Schweißnahtberechnungen

## 3.1 Geschweißter Wellenzapfen unter allgemeiner Belastung

Wir betrachten einen nach Bild 3-1 angeschweißten Wellenzapfen mit den dargestellten Belastungen. Hier gilt es, neben dem Zapfen als Bauteil, auch die Festigkeit der Schweißnaht zu überprüfen.

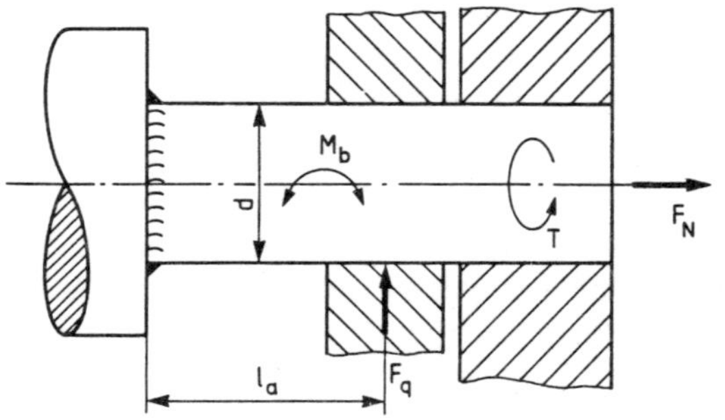


**Bild 3-1**
Angeschweißter Wellenzapfen

Es sei der Biegeverlauf der Welle vorgegeben mit Querkraft und Biegemoment an der Schweißnahtstelle. Außerdem tritt durch Drehmomentenübertragung eine Torsionsbelastung auf. Letztlich kann eine Zug-/Druckkraft in Axialrichtung wirken. Damit treten in der Schweißnaht auf:

Eine Zug-/Druckspannung

$$\sigma_w = \frac{F_N}{(d + a)\,\pi \cdot a} \tag{3.1}$$

eine Biegespannung

$$\sigma_{w_b} = \frac{M_b}{W_w} = \frac{M_b}{\frac{\pi}{32}\left(\frac{D^4 - d^4}{D}\right)} \tag{3.2}$$

eine Schubspannung

$$\tau_w = \frac{F_q}{(d + a)\,\pi \cdot a} \tag{3.3}$$

und letztlich eine Torsionsspannung

$$\tau_{w_t} = \frac{T}{W_{w_t}} = \frac{T}{\frac{\pi}{16}\left(\frac{D^4 - d^4}{D}\right)} \tag{3.4}$$

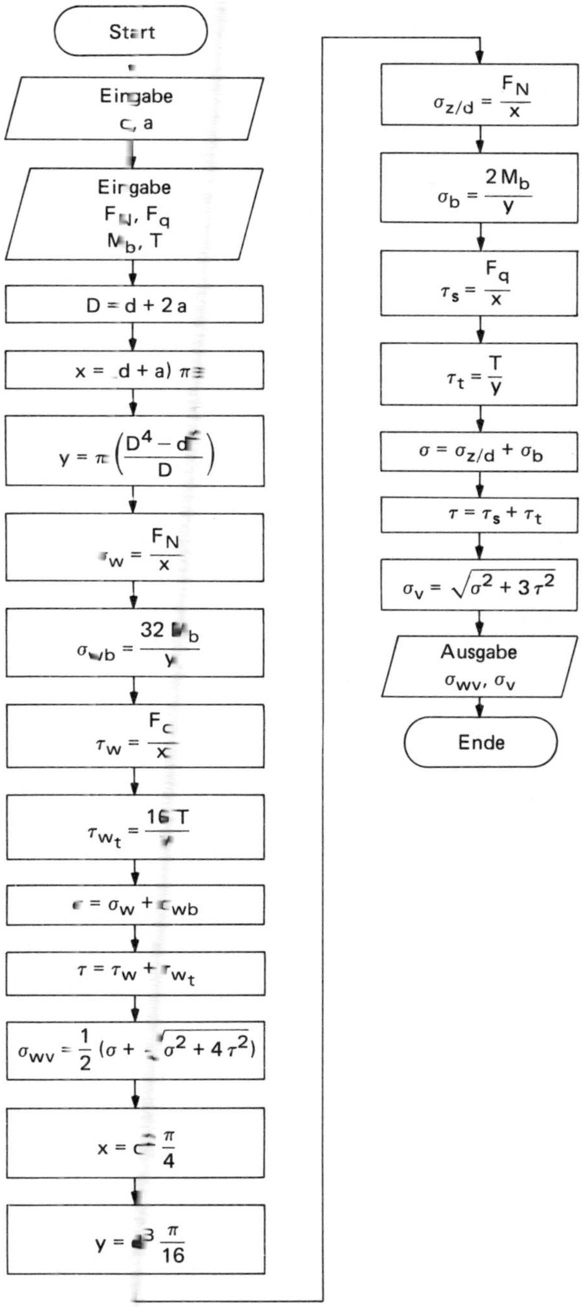


**Bild 3-2** Flußdiagramm zum Festigkeitsnachweis eines angeschweißten Wellenzapfens

Eine diese Einzelbelastungen umfassende Vergleichsspannung bestimmt sich nach der Normalspannungshypothese aus

$$\sigma_{w_v} = \frac{1}{2}(\sigma_w + \sigma_{w_b} + \sqrt{(\sigma_w + \sigma_{w_b})^2 + 4(\tau_w + \tau_{w_t})^2}) \tag{3.5}$$

Beim Bauteil Zapfen liegt ebenfalls vor:
Eine Zug-/Druckspannung

$$\sigma_{z/d} = \frac{F_N}{d^2 \frac{\pi}{4}} \tag{3.6}$$

eine Biegespannung

$$\sigma_b = \frac{M_b}{W} = \frac{M_b}{\frac{\pi}{32} d^3} \tag{3.7}$$

eine Schubspannung

$$\tau_s = \frac{F_q}{\frac{\pi}{4} d^2} \tag{3.8}$$

und eine Torsionsspannung

$$\tau_t = \frac{T}{W_t} = \frac{T}{\frac{\pi}{16} d^3} \tag{3.9}$$

Die Vergleichsspannung ergibt sich aus der Gestaltänderungsenergiehypothese mit

$$\sigma_v = \sqrt{(\sigma_{z/d} + \sigma_b)^2 + 3(\tau_s + \tau_t)^2} \tag{3.10}$$

Damit liegt auch der Berechnungsablauf fest. Bild 3-2 zeigt den Festigkeitsnachweis als Flußdiagramm.

## 3.2 Geschweißte Biegeträger

Ein sehr häufiges Maschinenelement ist der aus Rechteckquerschnitten zusammengesetzte Biegeträger. Bild 3-3 zeigt ein solches Beispiel. Das Fügen geschieht üblicherweise durch Schweißen. Zum Festigkeitsnachweis des Trägers kommt eine Nachrechnung der verwendeten Schweißnähte hinzu. Eine symmetrische Anordnung der Rechtecke vorausgesetzt wird die Nullinie für alle Höhenmaße an die Unterkante des Querschnitts gelegt. So kann durch Eingabe der Wertepaare ($h_i$, $b_i$) der Querschnitt vermaßt werden. Damit lassen sich Gesamtquerschnitt, Schwerpunkt und Flächenträgheitsmoment nach folgenden Gleichungen bestimmen:

$$A = \sum_{i=1}^{n} b_i(h_i - h_{i-1}); \; h_0 = 0 \tag{3.11}$$

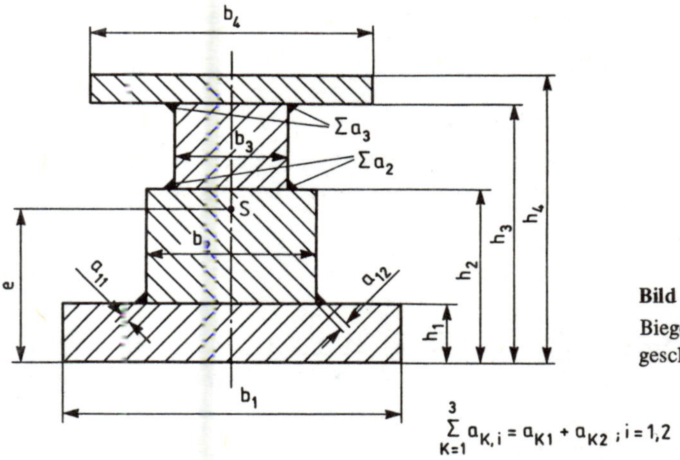


**Bild 3-3**
Biegeträger aus Rechteckprofilen geschweißt

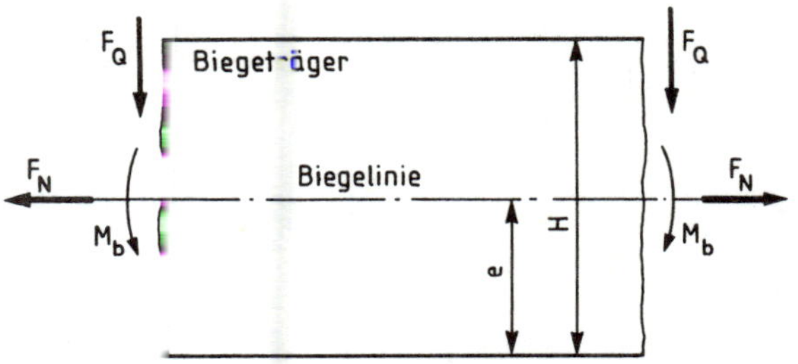


**Bild 3-4**
Vorzeichenregelung zur Trägerbelastung

$$e = \frac{\sum_{i=1}^{n}\left(b_i(h_i - h_{i-1})\frac{h_i + h_{i-1}}{2}\right)}{A} \tag{3.12}$$

$$I = \sum_{i=1}^{n}\left[\frac{b_i}{12}(h_i - h_{i-1})^3 + b_i(h_i - h_{i-1})\left(\frac{h_i + h_{i-1}}{2}\right)^2\right] - Ae^2 \tag{3.13}$$

Zur Berechnung einer auftretenden örtlichen Belastung des Biegeträgers seien Biegemoment $M_b$ und Querkraft $F_Q$ an dieser Stelle bekannt. Eine zusätzliche Normalkraft $F_N$ sei ebenfalls vorhanden. Sie kann gegebenenfalls auf Null gesetzt werden. Kräfte und Biegemoment sind nach Bild 3-4 in vorgegebener Richtung positiv definiert. Somit bestimmt sich eine Zug-/Druckspannung aus der Gleichung

$$\sigma_{z/d} = \frac{F_N}{A} \tag{3.14}$$

Die Schubspannung ist

$$\tau_a = \frac{F_Q}{A} \tag{3.15}$$

Und letztlich ergibt sich eine Biegespannung im Unter- und Obergurt aus

$$\sigma_{b,1} = \frac{M_b \cdot e}{I} \quad \text{bzw.} \quad \sigma_{b,2} = \frac{M_b(e-H)}{I} \tag{3.16}$$

Die entsprechende Vergleichsspannung in den Randfasern bestimmt sich mit der Festigkeitshypothese der größten Normalspannung nach Rankine als Hauptspannung aus

$$\sigma_{h,i} = \frac{1}{2}(\sigma_{b,i} + \sigma_{z/d} + \sqrt{(\sigma_{b,i} + \sigma_{z/d})^2 + 4\tau_a^2}), \quad i = 1, 2 \tag{3.17}$$

Durch eine Eingabe des Wertepaares ($h_i$, $\Sigma a_i$), wobei $\Sigma a_i$ die Summe der Schweißnahtmaße a auf Höhe von $h_i$ darstellt, kann ebenfalls eine Schweißnahthauptspannung ermittelt werden.

Eine solche Längsnahtanordnung wird nun gleichfalls durch die aus der Normalkraft resultierende Zug-/Druckspannung belastet. Der Schubspannungsanteil aus der Biegung an der Stelle $h_i$ bestimmt sich aus

$$\tau_{s,i} = \frac{F_Q}{I\,\Sigma a_i} b_i(h_i - h_{i-1}) \left(e - \frac{h_i + h_{i-1}}{2}\right) \tag{3.18}$$

$$\text{für } e >= \frac{h_i + h_{i-1}}{2} \text{ und}$$

$$\tau_{s,i} = \frac{F_Q}{I\,\Sigma a_i} b_i(h_{i+1} - h_i)\left(\frac{h_{i+1} - h_i}{2} - e\right) \tag{3.19}$$

sonst. Die Biegespannung an der Stelle $h_i$ ist

$$\sigma_{b,i} = \frac{M_b(e - h_i)}{I} \tag{3.20}$$

Damit folgt die Berechnung der Schweißnahthauptspannung aus

$$\sigma_{h,i} = \frac{1}{2}(\sigma_{b,i} + \sigma_{z/d} + \sqrt{(\sigma_{b,i} + \sigma_{z/d})^2 + 4\tau_{s,i}^2}) \quad i = 1, \ldots, n-1 \tag{3.21}$$

Den Berechnungsalgorithmus in Flußdiagrammform zeigt Bild 3-5.

In diesem Algorithmus werden an mehreren Stellen gleiche komplexere Gleichungen benutzt. BASIC bietet hier die Möglichkeit, diese Gleichungen als Benutzer-Funktionen mit formalen Parametern zu definieren und sie dann im Programm unter ihrem Namen mit aktuellen Parametern aufzurufen.

Dies funktioniert so. Die Gleichung der Hauptspannung wird einmal zur Berechnung der Trägerrand-Faserbelastungen (Gleichung 3.17) und dann zur Berechnung der Schweißnahthauptspannung (Gleichung 3.21) benutzt. Mit den formalen Parametern X = Biege-, Y = Zug- und Z = Schubspannung definiert sich die Hauptspannungsfunktion zu

```
DEF FNHPT(X, Y, Z)=(X+Y+SQR((X+Y)^2+4*Z^2))/2
```

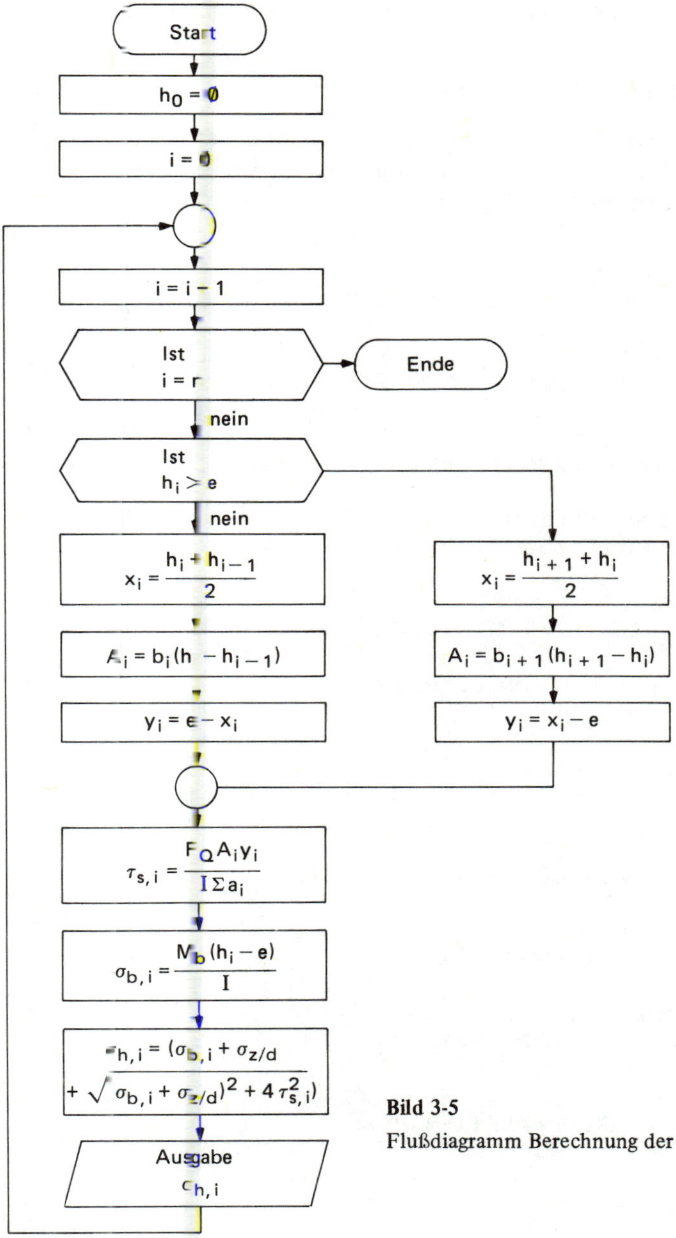


**Bild 3-5**
Flußdiagramm Berechnung der Schweißnahthauptspannungen

Mit den aktuellen Parametern SCHUB, ZUG, BIEGE1 und BIEGE2 für die Randfasern des Trägers folgt die Berechnung der Hauptspannungen mit

HAUPT1=FNHPT(BIEGE1, ZUG, SCHUB)

bzw.

HAUPT2=FNHPT(BIEGE2, ZUG, SCHUB).

Eine Schweißnahthauptspannung mit den aktuellen Parametern BIEGE, ZUG und SCHUBS bestimmt sich mit

HAUPT=FNHPT(BIEGE, ZUG, SCHUBS).

Nachfolgend sind in einer Liste die häufigsten numerischen Funktionen in alphabetischer Reihenfolge zusammengestellt. Sie setzen sich aus vorhandenen Standardfunktionen zusammen. Besonders zu beachten ist der Gültigkeitsbereich des Argumentes.

```
Arcuscosecans, ABS(X)>1 :
DEF FN ACSC(X)=ATN(1/SQR(X*X-1))+(SGN(X)-1)*1.5707963

Arcuscosecans hyperbolicus, X>0 :
DEF FN ACSCH(X)=LOG((SGN(X)*SQR(X*X+1)+1)/X)

Arcuscosinus, ABS(X)<1 :
DEF FN ACOS(X)=-ATN(X/SQR(-X*X+1))+1.5707963

Arcuscosinus hyperbolicus, X>=1 :
DEF FN ACOSH(X)=LOG(X+SQR(X*X-1))

Arcuscotangens :
DEF FN ACOT(X)=-ATN(X)+1.5707963

Arcuscotangens hyperbolicus, ABS(X)>1 :
DEF FN ACOTH(X)=LOG((X+1)/(X-1))/2

Arcussecans, ABS(X)>=1 :
DEF FN ASEC(X)=ATN(SQR(X*X-1))+(SGN(X)-1)*1.5707963

Arcussecans hyperbolicus, 0<x<=1 :
DEF FN ASECH(X)=LOG((SQR(-X*X+1)+1)/X)

Arcussinus, ABS(X)<1 :
DEF FN ASIN(X)=ATN(X/SQR(-X*X+1))

Arcussinus hyperbolicus :
DEF FN ASINH(X)=LOG(X+SQR(X*X+1))

Arcustangens hyperbolicus, ABS(X)<1 :
DEF FN ATANH(X)=LOG((1+X)/(1-X))/2

Cosecans, X<>0 :
DEF FN CSC(X)=1/SIN(X)

Cosecans hyperbolicus, X<>0 :
DEF FN CSCH(X)=2/(EXP(X)-EXP(-X))

Cosinus hyperbolicus :
DEF FN COSH(X)=(EXP(X)+EXP(-X))/2

Cotangens, X<>0 :
DEF FN COT(X)=1/TAN(X)
```

```
Cotangens hyperbolicus, X<>0 :
DEF FN COTH(X)=EXP(-X)/(EXP(X)-EXP(-X))*2+1

Divisionsrest einer ganzzahligen Division X/Y, Y<>0 :
DEF FN MOD(X,Y)=INT((X/Y-INT(X/Y))*Y+.05)*SGN(X/Y)

Logarithmus zur Basis Y, X>0 und Y>0   :
DEF FN LOG(X,Y)=LOG(X)/LOG(Y)

Logarithmus zur Basis 10, X>0 :
DEF FN LOG(X,Y)=LOG(X)/2.302585

Secans, X<>1.5707963 :
DEF FN SEC(X)=1/COS(X)

Secans hyperbolicus :
DEF FN SECH(X)=2/(EXP(X)+EXP(-X))

Sinus hyperbolicus :
DEF FN SINH(X)=(EXP(X)-EXP(-X))/2

Tangens hyperbolicus :
DEF FN TANH(X)=-EXP(-X)/EXP(X)+EXP(-X))*2+1
```

## 3.3 Geschweißter Konsolanschluß

Eine sehr häufig vorkommende Schweißverbindung im Maschinenbau ist der Konsolanschluß. Nach Bild 3-6 wollen wir zwei Nahtausführungen betrachten. Die Innennaht kann wahlweise entfallen. Die jeweilige Schweißnahtfläche wird durch das auftretende Biegemoment

$$T = M_b = F\left(l - \frac{b}{2}\right) \tag{3.22}$$

tordiert. Für dünnwandige offene Querschnitte ist das Torsionswiderstandsmoment

$$W_t = \frac{1}{3}\,a^2\,(2b + h) \tag{3.23}$$

Für dünnwandig geschlossene Querschnitte ergibt sich nach der Bredtschen Formel

$$W_t = 2\,a(b + a)\,(h + a) \tag{3.24}$$

Wie maßgeblich die Innennaht zur Festigkeit beiträgt, zeigt ein Vergleich der Gleichungen (3.23) und (3.24). Danach ist:

$$\frac{1}{3}\,a^2\,(2\,b + h) = \frac{2}{3}\,a^2 b + \frac{1}{3}\,a^2 h$$

$$\begin{aligned} 2\,a(b + a)\,(h + a) &= 2\,a^3 + 2\,a^2 b + 2\,a^2 h + 2\,abh \\ &= \frac{2}{3}\,a^2 b + \frac{1}{3}\,a^2 h + \frac{4}{3}\,a^2 b + \frac{5}{3}\,a^2 h \\ &\quad + 2\,a^3 + 2\,abh \end{aligned}$$

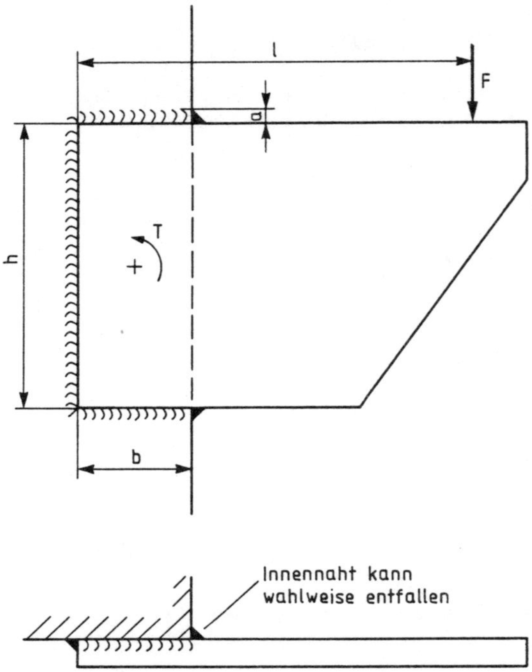


**Bild 3-6**
Geschweißter Konsolanschluß

Eine geschlossene Schweißnaht hat ein mehr als dreimal so großes Torsionswiderstandsmoment, und der Term 2 abh erhöht diesen Faktor noch erheblich.
Die Torsionsspannung ist

$$\tau_t = \frac{T}{W_t}. \tag{3.25}$$

Außerdem wird die Schweißnaht auf Schub belastet. Die Scherfläche ist je nach Ausführung

$$A_c = a(2\,b + h) \tag{3.26}$$

oder

$$A_0 = a(2\,b + 2\,h) \tag{3.27}$$

und damit die Schubspannung

$$\tau = \frac{F}{A_{c/o}}. \tag{3.28}$$

Wir erhalten als resultierende Schubspannung

$$\tau_{res} = \tau + \tau_t. \tag{3.29}$$

Bild 3-7 zeigt den Berechnungsablauf in Flußdiagrammform. Beachten Sie bitte auch, daß normalerweise aus Festigkeitsgründen Schweißnähte quer zur Schubrichtung nicht zur Festigkeitsberechnung herangezogen werden.

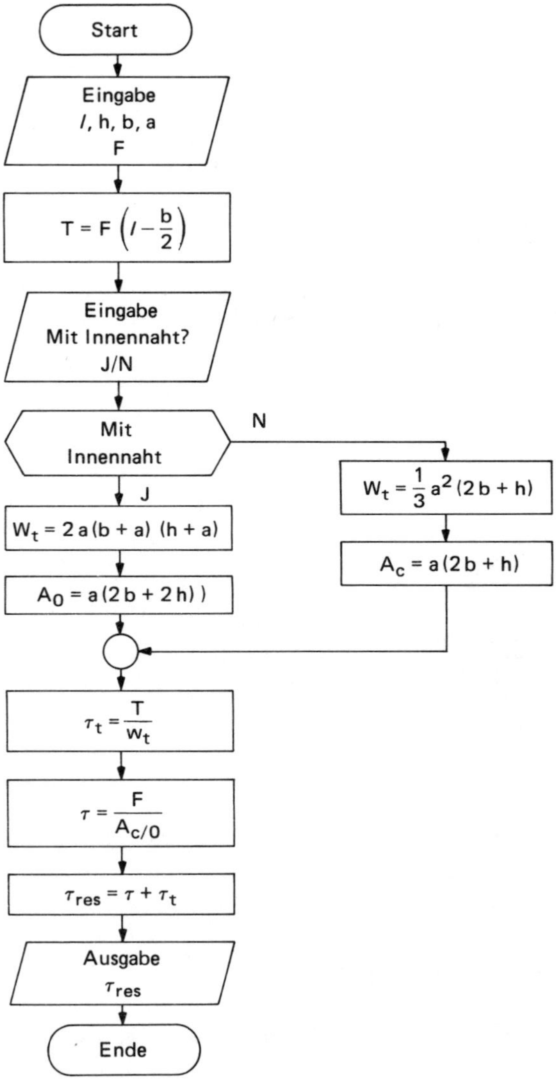


**Bild 3-7** Flußdiagramm zur Schweißnahtberechnung für einen Konsolanschluß

# 4 Gewinde

## 4.1 Steifigkeitsberechnung einer Schraube

Eine Schraube besteht in ihrem Aufbau aus verschiedenen Spannungsquerschnitten, und dies in unterschiedlichen Längen. Das beste Beispiel ist eine Paßschraube nach Bild 4-1. Die Federsteifigkeit einer Schraube bestimmt sich aus

$$c_s = \frac{F_v}{f_s} = \frac{E_s}{\sum\limits_{i=1}^{n} \frac{l_i}{A_i}} . \tag{4.1}$$

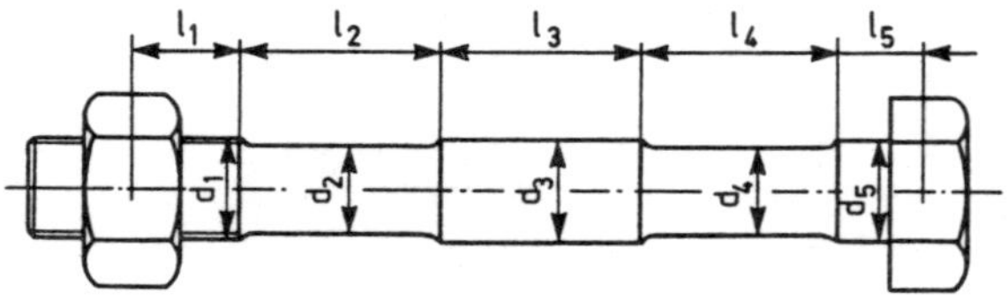


**Bild 4-1**
Mitfedernde Einzelelemente einer verspannten Schraube

Darin ist $\sum\limits_{i=1}^{n} \frac{l_i}{A_i}$ die Summe der Verhältnisse aus Einzellängen und zugehörigem Spannungsquerschnitt. Das nachfolgende Flußdiagramm Bild 4-2 besteht daher aus einer Programmschleife zur Summenbildung.

Programmschleifen treten in Algorithmen in der Regel in zwei Formen auf. Die erste Form nach Bild 4-3 wird durch einen Zähler i gesteuert. Dieser wird auf einen Startwert a gesetzt und bis zu einem Endwert z immer um den Wert d erhöht. Diese Form wird als *Sukzessive Schleife* bezeichnet. Im Programm wird sie durch eine *FOR-NEXT-Anweisung* realisiert. Sie hat bezogen auf Bild 4-3 die Form

```
F=1
FOR I=1 TO N STEP 1
   F=F*I
NEXT I
```

Dabei ist die Einbettung von FOR-NEXT-Schleifen in andere FOR-NEXT-Schleifen erlaubt. Ein wichtiges Kriterium für die Durchführung dieser Programmschleife ist, daß die Anzahl der Durchläufe vorher festliegt. Nämlich genau

INT((z−a)/d)

mal.

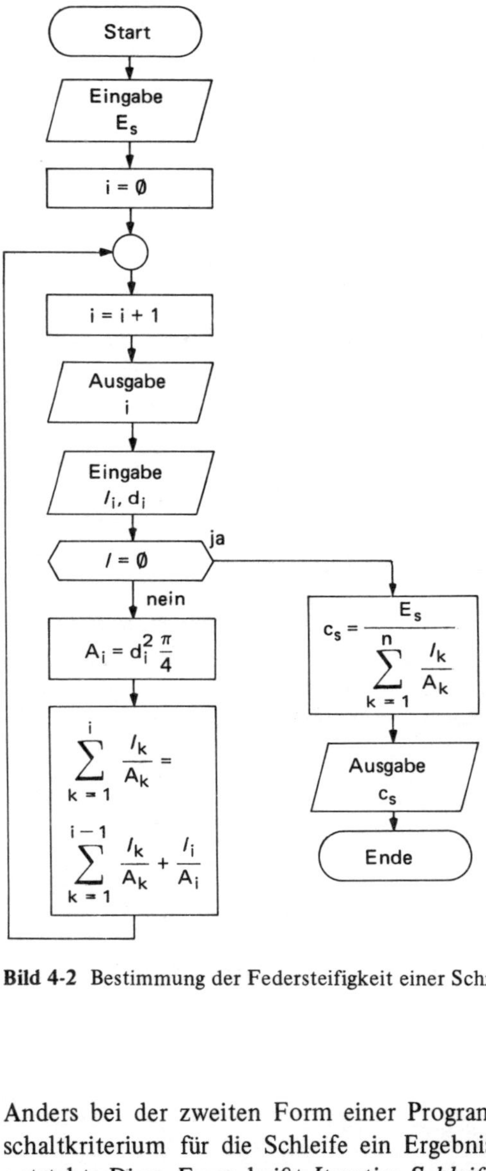


**Bild 4-2** Bestimmung der Federsteifigkeit einer Schraube

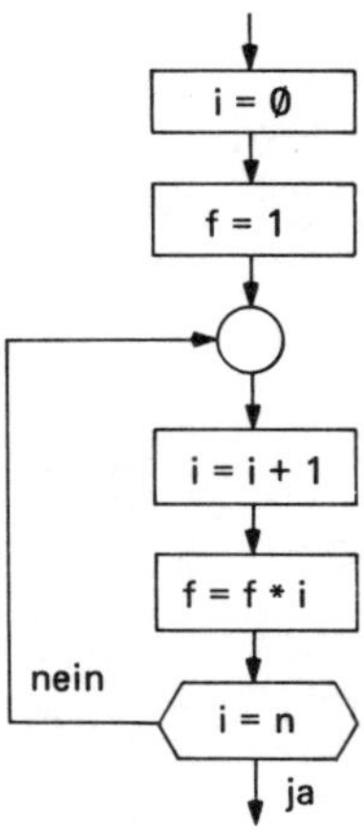


**Bild 4-3** Sukzessive Programmschleife zur Berechnung von n-Fakultät

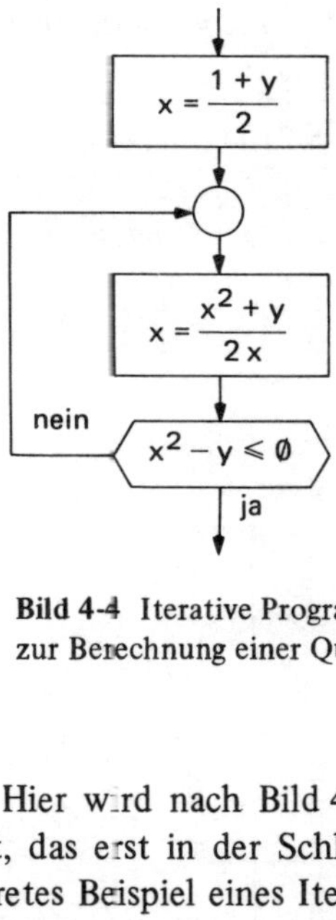


**Bild 4-4** Iterative Programmschleife zur Berechnung einer Quadratwurzel

Anders bei der zweiten Form einer Programmschleife. Hier wird nach Bild 4-4 als Abschaltkriterium für die Schleife ein Ergebnis betrachtet, das erst in der Schleife selbst entsteht. Diese Form heißt *Iterative Schleife.* Als konkretes Beispiel eines Iterationsverfahrens zeigt Bild 4-4 die Berechnung einer Quadratwurzel x von einer Zahl y nach Newton.

$$x = \sqrt{y} \tag{4.2}$$

Das Verfahren konvergiert gegen die gesuchte Wurzel x wenn y und der Startwert $x_0$ größer als Null sind. Jeder verbesserte Wert ergibt sich aus seinen Vorgängern durch

$$x_i = \frac{x_{i-1}^2 + y}{2\,x_{i-1}}, \quad i = 1, 2, 3, \ldots \tag{4.3}$$

Die Folge $x_i$, i = 1, 2, 3, ... ist sogar monoton abnehmend, wenn

$$x_0^2 > y \tag{4.4}$$

ist. Damit folgt als Startwert

$$x_0 = \frac{1+y}{2} > \sqrt{y} \tag{4.5}$$

Beendet wird der Schleifendurchlauf bei

$$x_i^2 - y <= 0 \tag{4.6}$$

Im Programm wird die Iterative Schleife durch eine *WHILE-WEND-Anweisung* realisiert. Bezogen auf unser Beispiel nach Bild 4-4 ergibt sich die Anweisungsfolge

```
X2(1+Y)/2
WHILE X^2-Y>0
   X=(X^2+Y)/(2*X)
WEND
```

## 4.2 Steifigkeit verschraubter Teile

Ebenso wie die Schraube federnde Anteile aufweist, gilt dies auch für die verspannten Teile, Bild 4-5. Dazu denkt man sich einen Bereich $D_A >= 3 d_a$ um die Verspannungsstelle in Form eines Zylinders als federndes Bauteil. Kann sich dieser Spannungsbereich frei aufbauen, so hat der gedachte Zylinder einen Spannungsquerschnitt von

$$A_z = \frac{\pi}{4}\left[\left(d_a + \frac{l_k}{a}\right)^2 - D_B^2\right]. \tag{4.7}$$

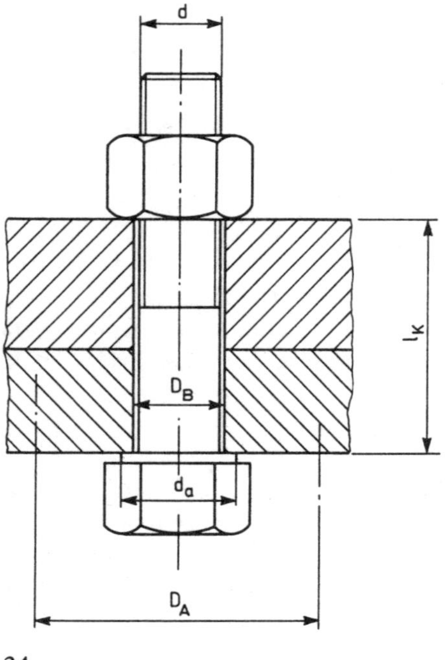


**Bild 4-5**

Verspannte Teile einer Schraubverbindung

Kann sich ein solcher Spannungszylinder nicht aufbauen, z.B. aus geometrischen Gründen, so gilt für den Bereich $3\,d_a > D_A \geqslant d_a$

$$A_z = \frac{\pi}{4}(d_a^2 - D_B^2) + \frac{\pi}{8}\left(\frac{D_A}{d_a} - 1\right)\left(\frac{d_a\,l_k}{5} + \frac{l_k^2}{a^2}\right) \tag{4.8}$$

und für den Bereich $D_A < d_a$

$$A_z = \frac{\pi}{4}(D_A^2 - D_B^2). \tag{4.9}$$

Der in den Gleichungen auftretende Faktor a ist werkstoffabhängig und ist

a = 10 für Stahl,
a = 8 für Grauguß und
a = 6 für Aluminium und AL-Legierungen.

Die Berechnung der Federsteifigkeit der verspannten Teile erfolgt letztlich mit

$$c_T = \frac{F_v}{f_T} = \frac{A_z\,E_T}{l_k} \tag{4.10}$$

Bild 4-6 zeigt den Berechnungsalgorithmus in Flußdiagrammform

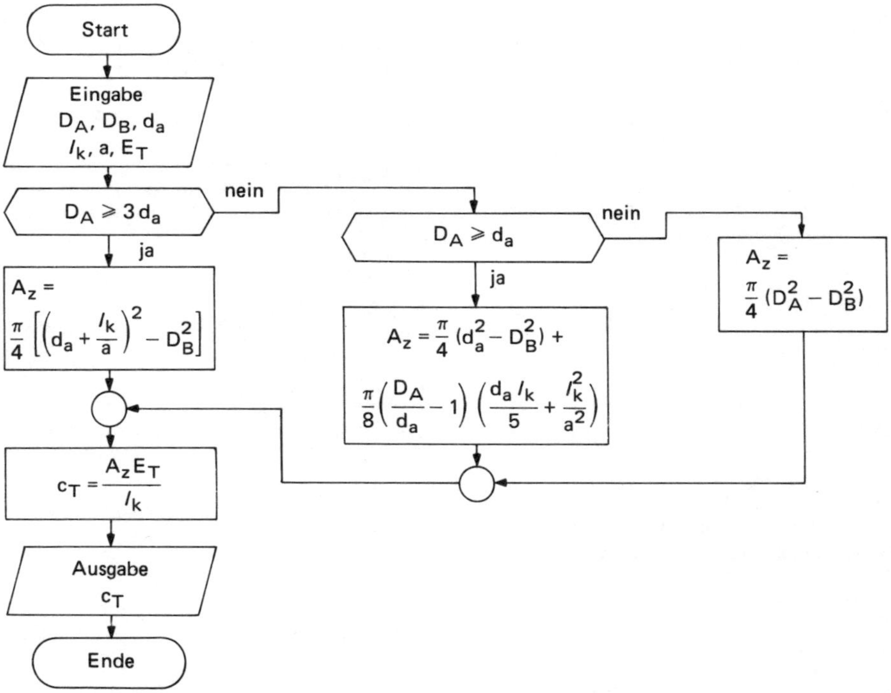


**Bild 4-6** Flußdiagramm zur Berechnung der Federsteifigkeit verspannter Teile

## 4.3 Berechnung vorgespannter Schrauben im Maschinenbau

Auf der Suche nach Algorithmen sind Fachbücher eine gute Quelle. In der Regel muß der Algorithmus nur deutlich herausgearbeitet werden. Anders im Kapitel zur Schraubenberechnung von [1]. Hier ist der Algorithmus zur Berechnung vorgespannter Schrauben für vier der häufigsten Praxisfälle umgangssprachlich wiedergegeben. Die Umsetzung in ein Flußdiagramm fällt daher sehr leicht. Bild 4-7 gibt einen möglichen Berechnungsalgorithmus für den Verschraubungsfall A in Flußdiagrammform wieder. Die Integration vorangegangener Algorithmen oder eine Erweiterung des Berechnungsablaufs sollte vom Leser ausgeführt werden.

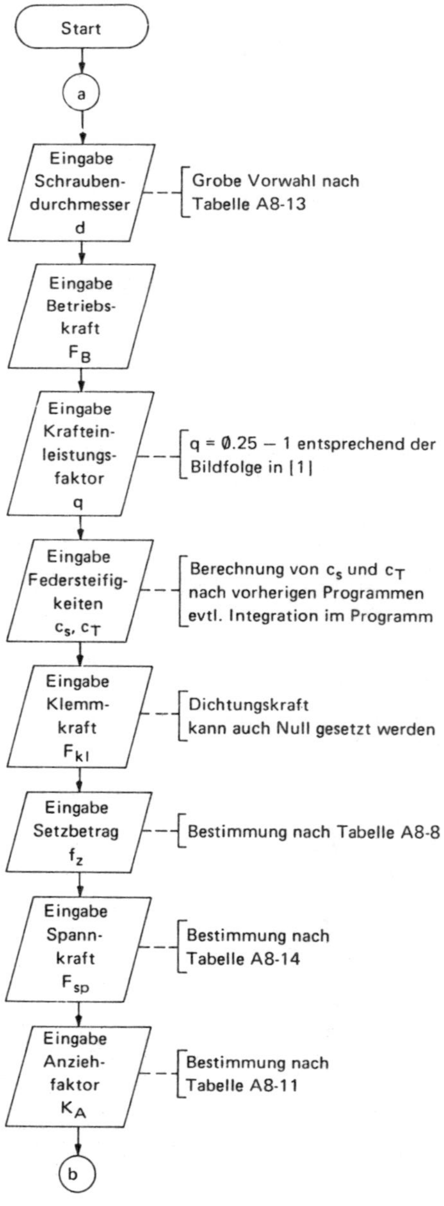


**Bild 4-7**

Flußdiagramm zur Berechnung vorgespannter Schrauben – Belastungsfall A

**Bild 4.7** (Fortsetzung)

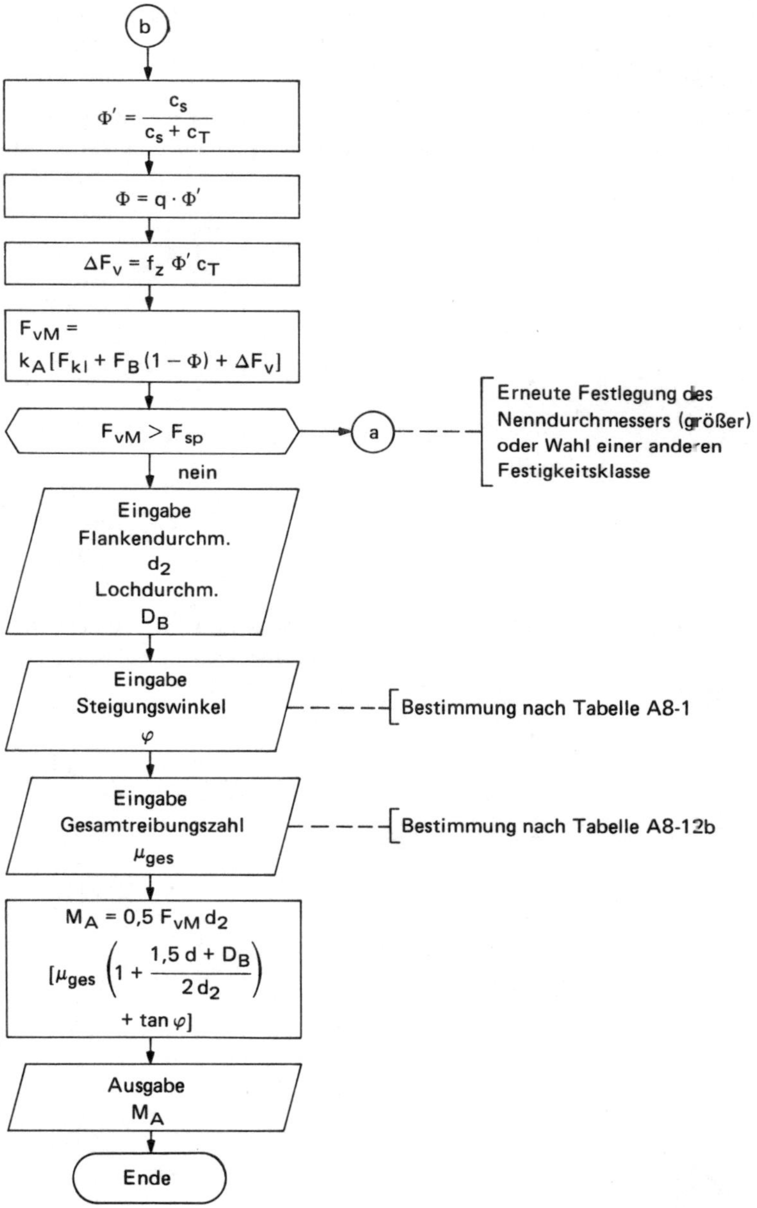

## 4.4 Verbindungsfelder

Anordnungen von Schrauben, Nieten, Bolzen, Schweißpunkten, etc. werden allgemein als Verbindungsfelder bezeichnet. Im Allgemeinen interessiert die Belastung einzelner Elemente innerhalb des Feldes.

Eine zentrale Größe unserer Betrachtung ist der Schwerpunkt eines Verbindungsfeldes mit n Verbindungselementen, wie es Bild 4-8 zeigt. Er definiert sich aus dem statischen Momentengleichgewicht

$$x_s = \frac{\sum_{i=1}^{n} A_i x_i}{\sum_{i=1}^{n} A_i} \tag{4.11}$$

$$y_s = \frac{\sum_{i=1}^{n} A_i y_i}{\sum_{i=1}^{n} A_i} \tag{4.12}$$

Wirkt auf ein Feld im Abstand r zum Feldschwerpunkt eines Schubkraft $F_s$, so liegt eine Torsionsbelastung vor. Man definiert analog zum Ansatz der allgemeinen Belastung das polare Flächenträheitsmoment

$$I_p = \sum_{i=1}^{n} A_i a_i^2 \tag{4.13}$$

des Feldes, aus dem sich dann das polare Widerstandsmoment

$$W_{p,i} = \frac{1}{a_i} \sum_{i=1}^{n} A_i a_i^2 \tag{4.14}$$

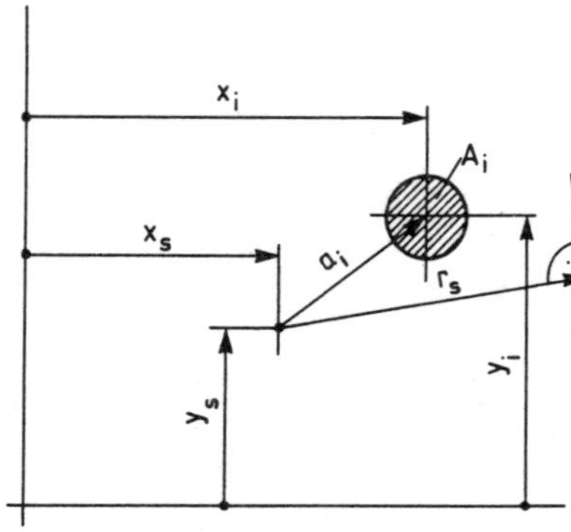


**Bild 4-8**
Verbindungsfeld, torsionsbelastet

bezüglich des i-ten Verbindungselementes ergibt. Damit folgt auf herkömmliche Weise die anteilige Querkraft am i-ten Verbindungselement

$$F_{e,i} = \frac{T A_i}{W_{p,i}} = \frac{a_i T A_i}{\sum\limits_{i=1}^{n} A_i a_i^2} \tag{4.15}$$

Daraus leiten sich alle Sonderfälle wie $A_i$ = const., $a_i$ = const., $a_i = 0$ usw. ab. Eine wichtige Voraussetzung unserer Ableitung ist die gleichmäßige Steifigkeit der Bauteile, die durch dieses Feld fixiert werden.

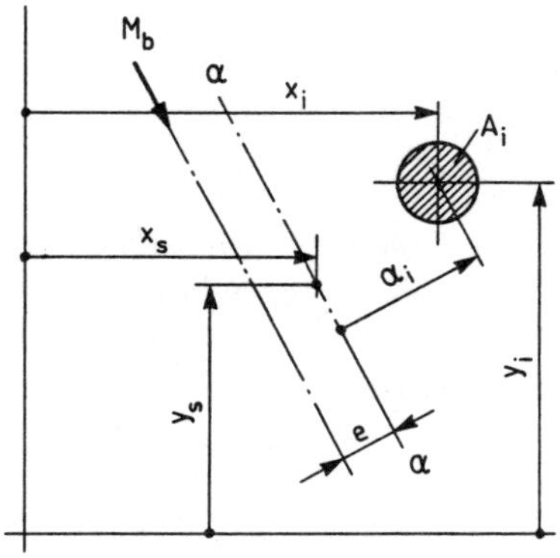


**Bild 4-9**
Verbindungsfeld, biegebelastet

Wirkt auf ein Feld senkrecht zu diesem eine Zugkraft $F_z$, so entsteht damit nach Bild 4-9 bezüglich der theoretischen Achse $\alpha$ das Biegemoment $M_b$. Es ergibt sich durch das axiale Flächenträheitsmoment

$$I_{a,\alpha} = \sum_{i=1}^{n} A_i \alpha_i^2 \tag{4.16}$$

die anteilige Zugkraft am i-ten Verbindungselement

$$F_{e,i} = \frac{M_b A_i}{W_{a,i}} = \frac{\alpha_i M_b A_i}{\sum\limits_{i=1}^{n} A_i \alpha_i^2} \tag{4.17}$$

Bei dieser Herleitung werden symmetrische Steifigkeitsverhältnisse beiderseits der Biegeachse $\alpha$ vorausgesetzt. In der Praxis stellt sich jedoch eine Verschiebung der Biegeachse zur Druckseite um die Exentrizität e ein. Für das Flächenträgheitsmoment bedeutet dies

$$I_{a,e} = I_{a,\alpha} + e^2 \sum_{i=1}^{n} A_i \tag{4.18}$$

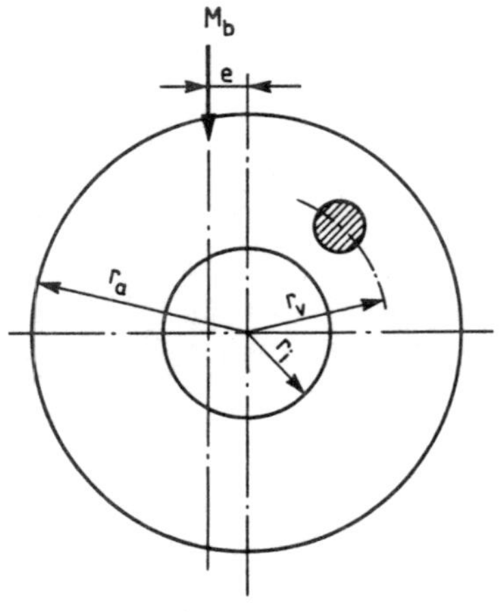

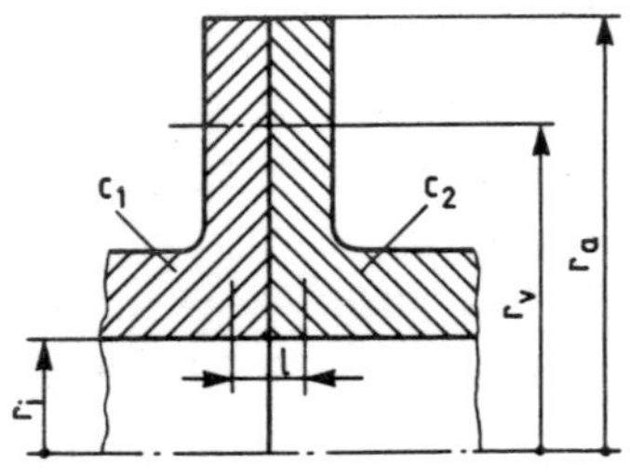


**Bild 4-10** Feld mit Kreisanordnung

Um für das Maß e konkrete Angaben zu erhalten, müssen bestimmte Feldformen betrachtet werden. Dazu betrachten wir zwei der wohl häufigsten Feldformen, insbesondere im Hinblick auf Schraubenfelder. Dies ist zunächst nach Bild 4-10 eine Kreisanordnung, die in der Ausführung der Maschinenteile als Flansch ausgebildet ist. Mit den Maßen

$$r_f = \frac{r_a + r_i}{2} \tag{4.19}$$

$$b_f = r_a - r_i, \tag{4.20}$$

sowie einer Ersatzauflagebreite der Verbindungselemente, die sich aus den Federkonstanten der Flanschbauteile $c_i$, $i = 1, 2$ und des Abstandes 1 für die Einleitung des Biegemomentes aus

$$b_v = \frac{(c_1 + c_2)\, n\, l}{2\, E\, \pi\, r_v} \tag{4.21}$$

ergibt, bestimmt sich die Exentrizität $e_k$ (k für Kreisanordnung) aus

$$e_k = \frac{2(r_f b_f + r_v b_v)}{b_f - b_v}\left[1 - \frac{1}{3}\sqrt{1 + \frac{24 b_f b_v (r_f + r_v)^2 - 2(b_f^3 - b_v^3)(b_f - b_v)}{3(r_f b_f + r_v b_v)^2}}\,\right]. \tag{4.22}$$

Außerdem betrachten wir eine Reihenanordnung nach Bild 4-11, bei der sich die Exentrizität $e_r$ (r für Reihenanordnung) aus

$$e_r = \frac{h}{2}\left[1 - \frac{2 A_v}{t \cdot h}\left(\sqrt{1 + \frac{t \cdot h}{A_v}\left(1 + \frac{2a}{h}\right)} - 1\right)\right] \tag{4.23}$$

mit der Verbindungsfläche

$$A_v = \frac{(c_1 + c_2)\, n\, l}{E} \tag{4.24}$$

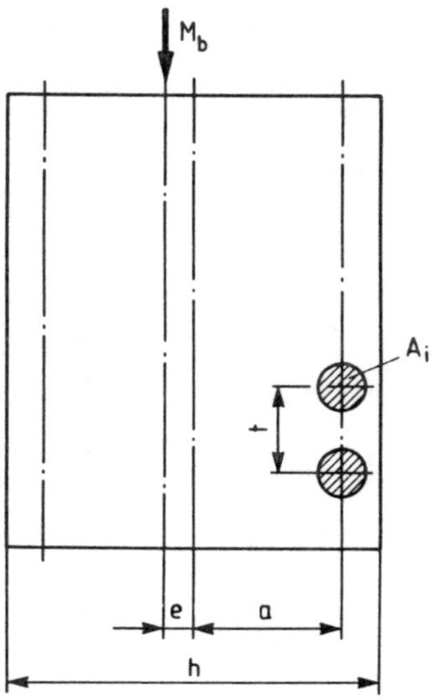


**Bild 4-11**
Feld mit Reihenanordnung

bestimmt. In Bezug auf ein Programm zeigt Bild 4-12 einen Berechnungsalgorithmus, bei dem im ersten Teil zunächst die Lage der Verbindungselemente in Abhängigkeit von einem beliebig gewählten Koordinaten-Nullpunkt zur Berechnung des Feldschwerpunktes eingegeben wird. Ist dieser dann bestimmt, läßt sich nach Phytagoras die Entfernung $a_i$ errechnen. Ist die Biegelinie nach Bild 4-13 durch die allgemeine Geradengleichung

$$Ax + By + C = 0 \tag{4.25}$$

gegeben, so ergibt sich der Abstand $\alpha_i$ eines Punktes $(x_i, y_i)$ zu dieser aus

$$\alpha_i = \frac{Ax_i + By_i + C}{\pm\sqrt{A^2 + B^2}}. \tag{4.26}$$

Dabei ist das Vorzeichen der Wurzel in Gleichung (4.26) entgegengesetzt dem Vorzeichen von C zu nehmen. Mit Hilfe der Abstände $a_i$ und $\alpha_i$ ergibt sich sofort die Belastung eines Verbindungselementes aus der Torsionsbeanspruchung. Unter der weiteren Festlegung einer bestimmten Feldform läßt sich die Exentrizität e bestimmen, so daß sich auch der Anteil an der Biegebelastung ergibt. Zusätzlich kann man das Maß e beliebig eingeben, so daß auch Variationen möglich sind.

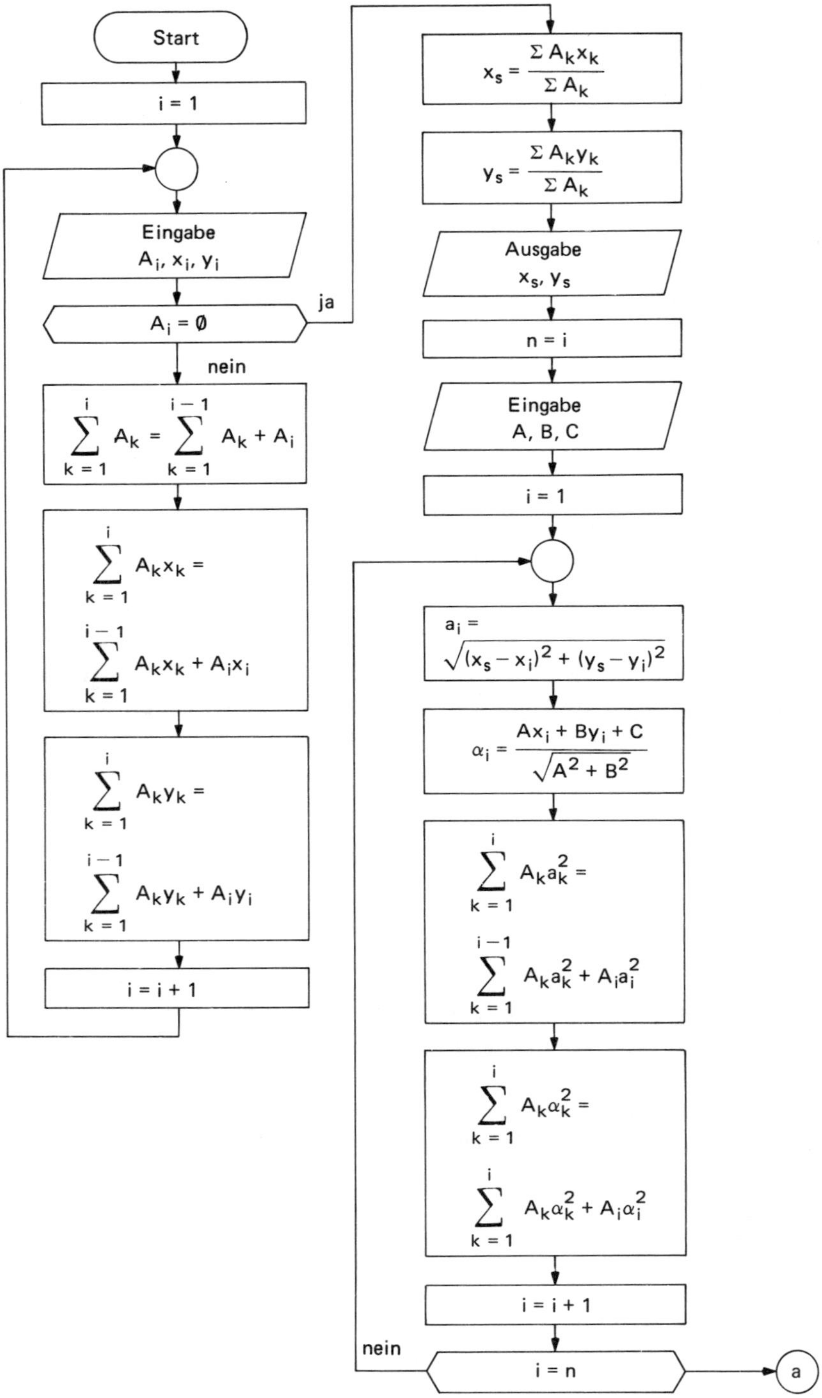


**Bild 4-12** Flußdiagramm zur Ermittlung von Kraftanteilen einzelner Verbindungselemente in einem Feld

**Bild 4-12** (Fortsetzung)

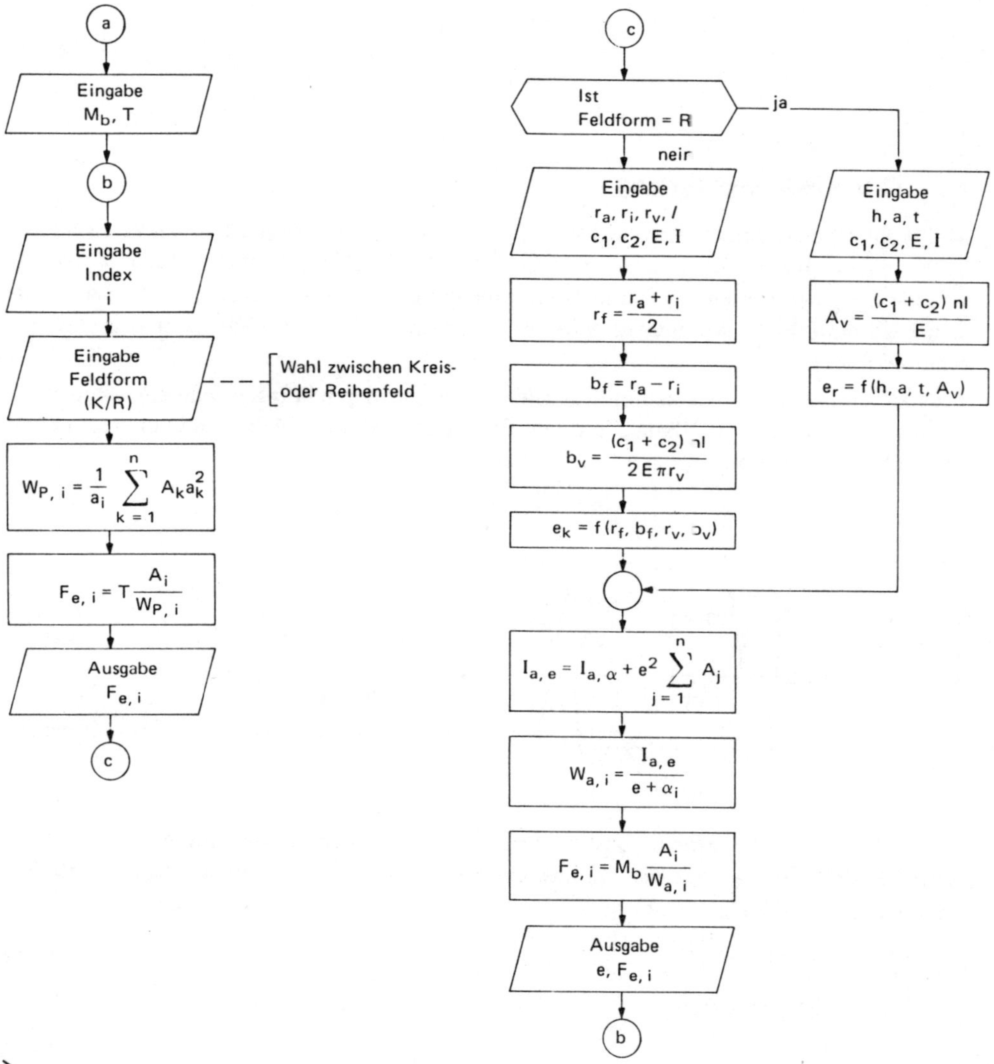


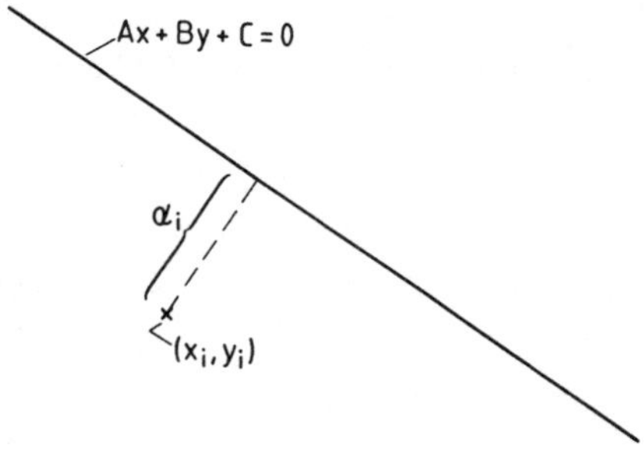


**Bild 4-13**
Abstand eines Punktes von einer Geraden

# 5 Federn

## 5.1 Druckfederberechnung

Die wohl am häufigsten verwendete Federnart ist die zylindrische Druckfeder. Ihre Berechnung erfolgt in der Praxis unter den verschiedensten Gesichtspunkten. Einerseits müssen bei einer Auslegung räumliche Gegebenheiten beachtet werden, andererseits werden bestimmte Feder-Kenndaten gefordert. Einfacher ist da eine Nachrechnung einer gewählten Feder.

Nachfolgend wird ein Algorithmus abgeleitet, der auf den häufigsten Fall einer konstruktiven Auslegung zutrifft. Danach ist eine Einbaukraft $F_1$, ein Hub s und außerdem noch der Außendurchmesser $D_a$ nach Bild 5-1 bekannt.

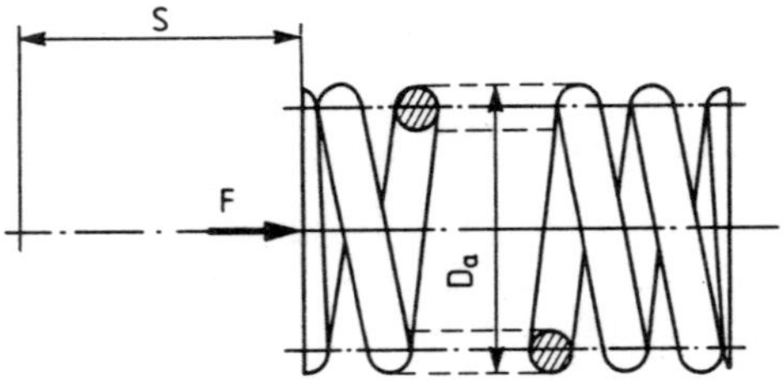


**Bild 5-1**
Konstruktionsmaße einer Druckfeder

Zunächst erfolgt die genaue Bestimmung des Drahtdurchmessers durch eine iterative Schleife nach der *Methode der sukzessiven Approximation*. Allgemein geht diese Methode von einer Gleichung der Form

$$F(x) - x = 0 \tag{5.1}$$

aus. Umgestellt folgt daraus

$$x = F(x) \tag{5.2}$$

Mittels einer geschätzten Anfangsnäherung $x_0$ für eine Wurzel der Gleichung (5.1) ergibt sich die Folge

$$x_1 = F(x_0)$$
$$x_2 = F(x_1)$$
$$\vdots$$

allgemein

$$x_{i+1} = F(x_i) \tag{5.3}$$

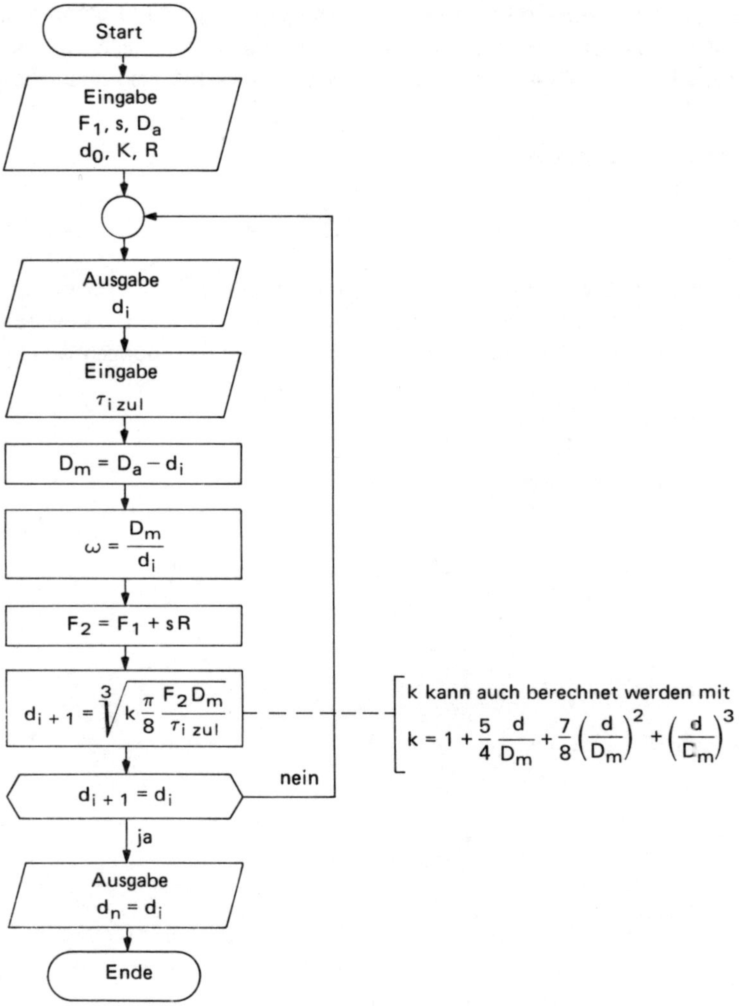


**Bild 5-2** Flußdiagramm zur Bestimmung des Drahtdurchmessers einer Druckfeder

Diese Folge muß nicht unbedingt konvergieren. Führt sie zu einer Zahl mit

$$x_n = F(x_n), \tag{5.4}$$

dann ist $x_n$ jedoch eine Wurzel der Gleichung (5.1).

Bezogen auf die Berechnung der Druckfeder gilt für eine Bestimmung des Drahtdurchmessers die Gleichung

$$d = \sqrt[3]{\frac{8 F D_m}{\pi \tau_{i\ zul}}} \tag{5.5}$$

Darin ist $\tau_{i_{zul}}$ nach Tabellen der DIN 2089 funktional abhängig vom Drahtdurchmesser. Und somit liegt eine Gleichung der Form (5.2) vor. Eine Iterationsschleife nach Bild 5-2 liefert einen notwendigen kleinsten Drahtdurchmesser bei voller Werkstoffausnutzung bezogen auf ein vorgegebenes $\tau_{i_{zul}}$.

Bei einer schwingend belasteten Druckfeder ist

$$d = \sqrt[3]{\frac{8\,F\,D_m}{\pi\,\tau_{i\,zul}}\,k} \tag{5.6}$$

Es liegt daher nahe k mit in die Gleichung aufzunehmen und für den Fall keiner Schwingbelastung $k = 1$ zu setzen. Nach der Iterationsschleife werden alle weiteren Daten der Druckfeder berechnet. Diesen Teil zeigt Bild 5-3. Die Anzahl federnder Windungen ist

$$i_f = \frac{G\,d^4\,s}{8\,D_m^3\,F_2} \tag{5.7}$$

und die gesamte Windungsanzahl ist

$$i_g = i_f + 2 \tag{5.8}$$

Die Blocklänge bestimmt sich aus

$$L_{BL} = i_g \cdot d \tag{5.9}$$

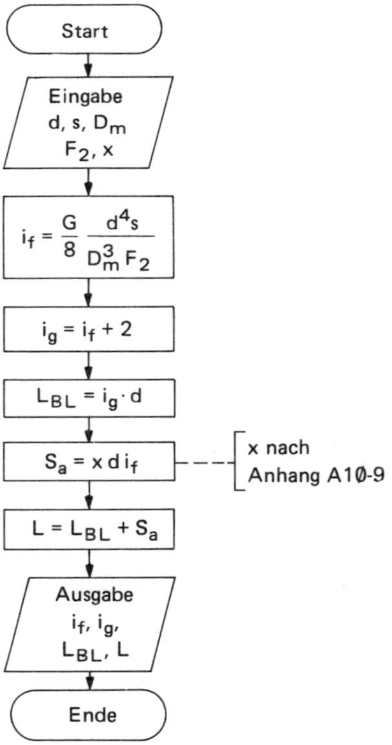


**Bild 5-3**
Flußdiagramm zur Berechnung der Druckfeder-Parameter

und die Summe der Mindestabstände aus

$$S_a = x\, d\, i_f. \tag{5.10}$$

Damit ist die Länge der unter F belasteten Feder

$$L = L_{BL} + S_a \tag{5.11}$$

Der Berechnungsalgorithmus in diesem und in anderen Kapiteln verlangt gelegentlich die Eingabe von Faktoren nach vorgegebenen Funktionen aus Diagrammen. Hier bietet sich für die Anwendung die Möglichkeit mit Hilfe bekannter Verfahren, den Funktionsverlauf durch eine Gleichung im Rechner zu speichern.

Diese Methoden unterteilen sich in die *Interpolation* und die *Approximation*. Bei der Interpolation ist besonders die Methode der Interpolation von Funktionen durch Polynome zu nennen. Ein Interpolationspolynom nimmt an bestimmten Stellen den exakten Wert der Funktion an. Diese Stellen werden als Stützstellen bezeichnet. Dazwischen beschreibt das Interpolationspolynom die Funktion nur angenähert. Bild 5-4 zeigt den Sachverhalt deutlich. Hier sei insbesondere auf die Interpolationspolynome nach Newton und Lagrange hingewiesen [7].

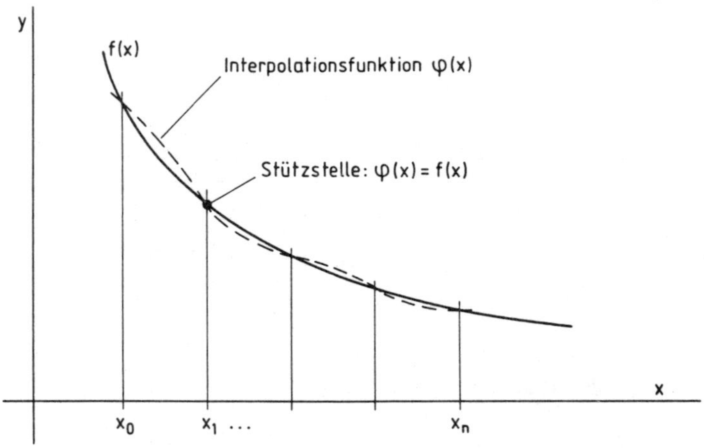


**Bild 5-4** Interpolation einer vorgegebenen Funktion

Anders verhält es sich bei der Approximation. Hier wird nach Bild 5-5 zu vorgegebenen Wertepaaren eine Funktion gesucht, die die Funktion zu diesen Wertepaaren so gut beschreibt, daß die Abweichungen zwischen Approximation und Funktion möglichst gering sind. Hier ist insbesondere die Gaußsche Methode der kleinsten Fehlerquadrate und die Bestimmung von Tschebyscheff-Polynomen beliebt.

Als praktisches Beispiel benutzen wir die diskrete Fehlerquadratmethode nach Gauß. Dazu genügen die Werte einer stetigen Funktion an n + 1 diskreten Stellen. Sie lassen sich mit Hilfe einer Tabelle darstellen. Die zu approximierende Funktion soll der Verlauf

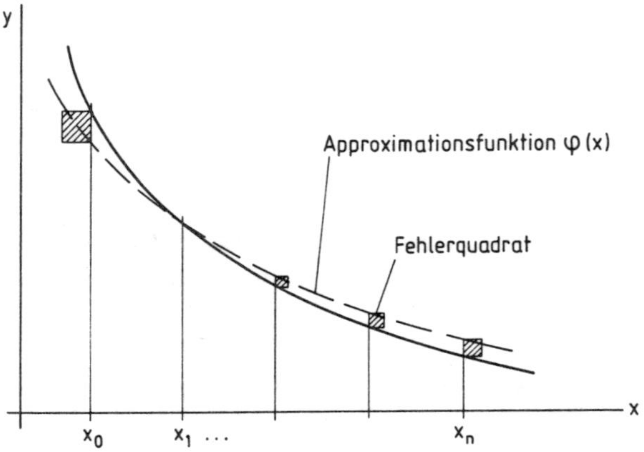


**Bild 5-5**
Approximation einer vorgegebenen Funktion

der zulässigen Schubspannung $\tau_{i_{zul}}$ für kaltgeformte Druckfedern aus nichtrostendem kaltgeformten Federstahldraht nach Din 2089 sein. Und damit erhalten wir die Funktionstabelle für 5 frei gewählte, diskrete Stützstellen.

| i | 0 | 1 | 2 | 3 | 4 |
|---|---|---|---|---|---|
| $x_i$ | 0,2 | 3 | 6 | 9 | 12 |
| $f(x_i)$ | 110 | 80 | 70 | 66 | 63 |

Nach der bezeichneten Methode gibt es zu jeder Funktion $f \in C[a, b]$, von der an $N + 1$ diskreten Stellen $x_i \in [a, b]$, $i = 0(1)N$, die Funktionswerte $f(x_i)$ gegeben sind, ein System linear unabhängiger Funktionen $\varphi_0, \varphi_1, \ldots, \varphi_n \in C[a, b]$, $n <= N$ das genau eine beste Approximation darstellt, falls es sich bei diesen um ein Tschebyscheff-System handelt.

Ein solches Tschebyscheff-System bildet

$$\varphi_k(x) = x^k, \quad k = 0, 1, \ldots, n \tag{5.12}$$

Das Approximationsproblem hat damit die Form

$$\sum_{k=0}^{n} c_k^{(0)} \sum_{i=0}^{N} \omega_i x_i^{k+j} = \sum_{i=0}^{N} \omega_i f(x_i) x_i^j \tag{5.13}$$

Für gleiche Wichte $\omega_i = 1$ und mit der Beschränkung auf ein quadratisches Approximations-Polynom erhalten wir das lineare Gleichungssystem

$$\begin{pmatrix} \Sigma 1 & \Sigma x_i & \Sigma x_i^2 \\ \Sigma x_i & \Sigma x_i^2 & \Sigma x_i^3 \\ \Sigma x_i^2 & \Sigma x_i^3 & \Sigma x_i^4 \end{pmatrix} \begin{pmatrix} c_0^{(0)} \\ c_1^{(0)} \\ c_2^{(0)} \end{pmatrix} = \begin{pmatrix} \Sigma f(x_i) \\ \Sigma f(x_i)\, x_i \\ \Sigma f(x_i)\, x_i^2 \end{pmatrix} \tag{5.14}$$

Damit stehen wir vor einem weiteren Problem, das sich sehr leicht mit den Methoden der numerischen Mathematik lösen läßt, der *Lösung eines linearen Gleichungssystems*. Wir

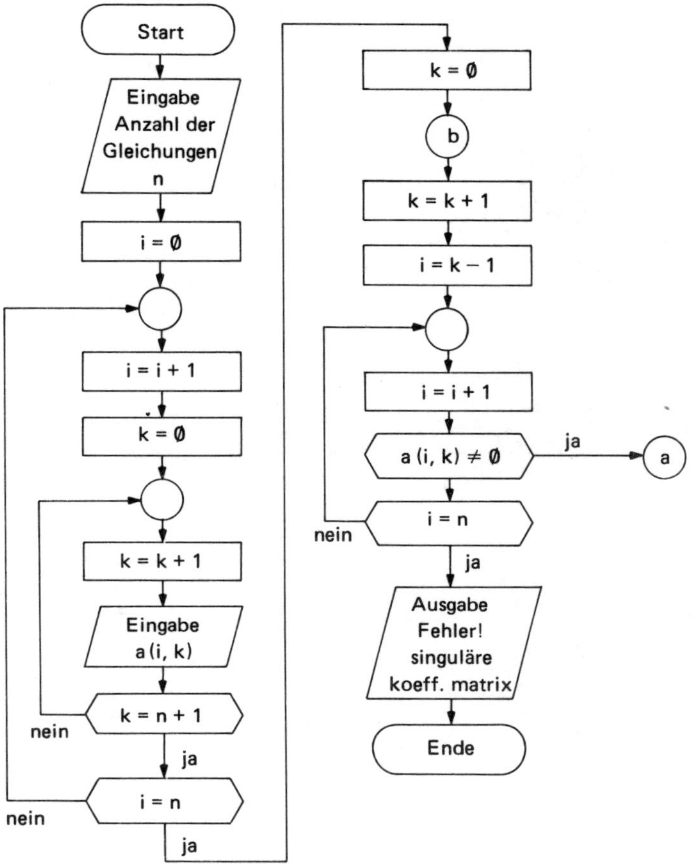


**Bild 5-6** Flußdiagramm zur Lösung eines linearen Gleichungssystems nach dem Algorithmus von Gauß-Jordan

**Bild 5.6** (Fortsetzung)

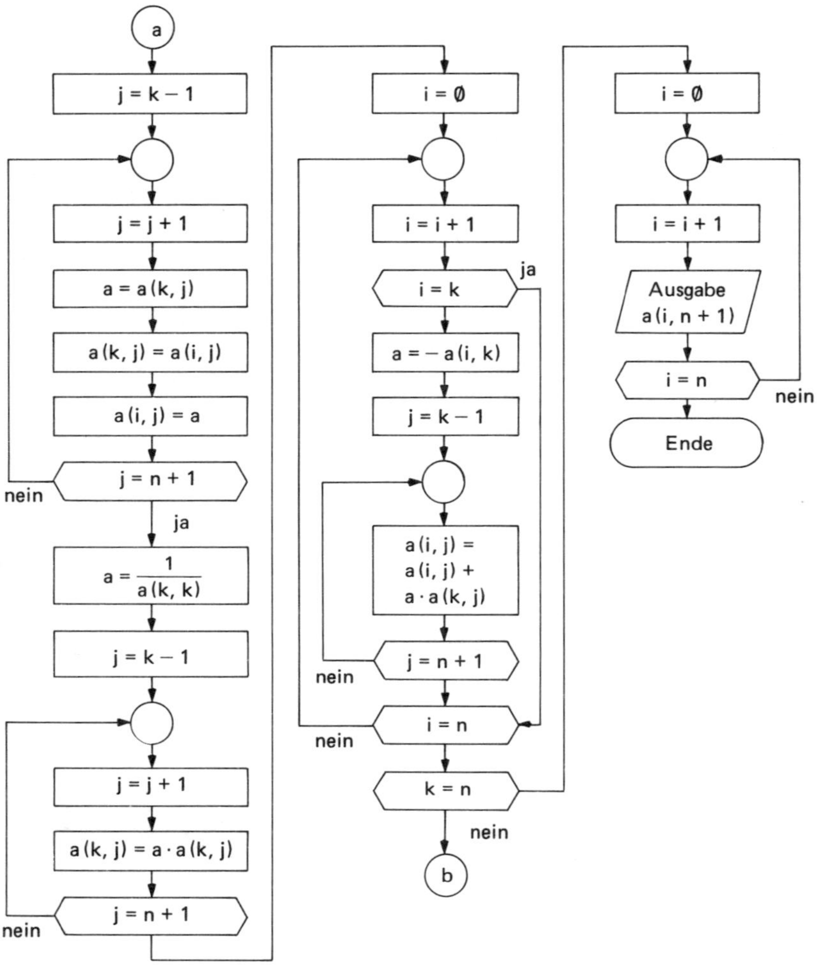


verwenden dazu den Algorithmus nach Gauß-Jordan. Zur genaueren Einarbeitung muß an dieser Stelle auf die Fachliteratur verwiesen werden. Den Lösungsalgorithmus im Flußdiagramm zeigt Bild 5-6.

Das Ausgangsobjekt dieses Algorithmus ist die erweiterte Matrix

$$\begin{pmatrix} \Sigma\, 1 & \Sigma\, x_i & \Sigma\, x_i^2 & \Sigma\, f(x_i) \\ \Sigma\, x_i & \Sigma\, x_i^2 & \Sigma\, x_i^3 & \Sigma\, f(x_i)\, x_i \\ \Sigma\, x_i^2 & \Sigma\, x_i^3 & \Sigma\, x_i^4 & \Sigma\, f(x_i)\, x_i^2 \end{pmatrix} . \qquad (5.15)$$

Der Algorithmus beginnt mit dem Vertauschen von Zeilen bis das Hauptdiagonalelement $a_{kk}$, auch als Pivot-Element bezeichnet, von Null verschieden ist. Ist kein Pivot-Element zu finden, so ist die Matrix singulär. Es werden alle Elemente der Pivot-Zeile durch das Pivot-Element $a_{kk}$ dividiert und letztlich alle anderen Elemente, außer denen in der Pivot-Zeile, nach der Rechteckregel berechnet.

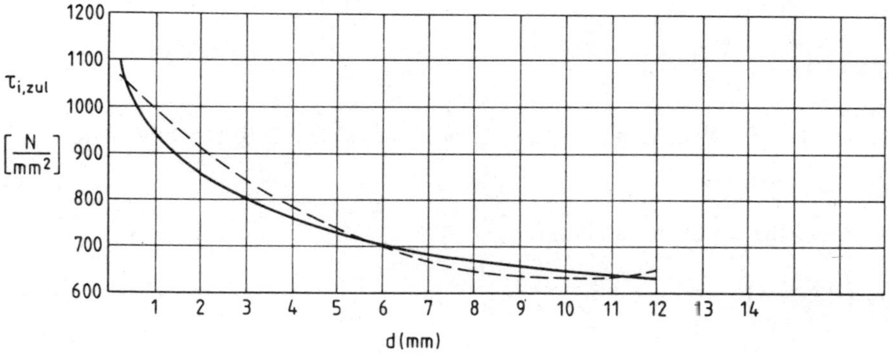


**Bild 5-7** Zulässige Schubspannung für kaltgeformte Druckfedern aus nichtrostendem kaltgezogenem Federstahldraht

In unserem Fall liefert das Programm nach Bild 5-6 die Lösung

$$\tau_{\mathrm{i\,zul}} = 109.56 - 9.74604\ \mathrm{d} + 0.50186\ \mathrm{d}^2 \tag{5.16}$$

Wie diese Approximationsfunktion die Funktion im Diagramm annähert zeigt Bild 5-7. Die Genauigkeit ließe sich durch Nachiteration mit einem direkten Verfahren verbessern. Auch kann durch eine unterschiedliche Gewichtung noch eine Besserung erzielt werden. Weitere Aktivitäten an dieser Stelle möchte ich jedoch dem Leser überlassen.

## 5.2 Bestimmung einer Schraubenfeder mit minimalem Raumbedarf

Sehr interessant für die Programmierung ist eine in [12] angegebene Formel. Unter der Voraussetzung, daß das Wickelverhältnis

$$\omega = \frac{D_m}{d} > 2 \tag{5.17}$$

ist, was für die meisten zylindrischen Schraubenfedern im Maschinenbau zutrifft, bestimmt sich das minimale Volumen aus der Gleichung

$$V = \left(\frac{17{,}96\,\mathrm{fFE}}{\pi \tau_{\mathrm{i\,zul}}^2}\right) \left(\frac{\mathrm{f\,E}}{8\pi \tau_{\mathrm{i\,zul}}\,\mathrm{q}}\right)^{0{,}0763} \left(\frac{\pi \tau_{\mathrm{i\,zul}}}{8\,\mathrm{p}}\right)^{0{,}0382} \tag{5.18}$$

Darin ist f der Federweg in cm unter der Last F, und damit F als maximale Federkraft in N, E der Elastizitätsmodul der Feder in N/cm^2 und letztlich q die Zahl nicht federnder Windungen, also die Federenden.

Ist umgekehrt das Volumen bekannt, so kann ω einmal aus

$$\omega = \left[\left(\frac{0{,}0441\ \mathrm{V}}{\pi \mathrm{q}}\right)\left(\frac{\pi \tau_{\mathrm{i\,zul}}}{8\,\mathrm{F}}\right)^{1{,}5}\right]^{0{,}354} \tag{5.19}$$

oder aus

$$\omega = \left(\frac{0{,}0552\,\pi\,V\,\tau_{i\,zul}}{fFE}\right)^5 \tag{5.20}$$

bestimmt werden. Für Federn mit $2 < \omega < 12$ bestimmt sich eine Rechenkonstante

$$K = 2\,\omega^{-0{,}25} \tag{5.21}$$

und mit deren Hilfe der Drahtdurchmesser

$$d = \left(\frac{8\,K\,F\,\omega}{\pi\,\tau_{i\,zul}}\right)^{0{,}5} \tag{5.22}$$

Dann bestimmt sich die Anzahl federnder Windungen mit

$$i_f = \frac{fEd}{8\,F\,\omega^3} \tag{5.23}$$

Damit ist dann der mittlere Windungsdurchmesser

$$D_m = \omega\,d \tag{5.24}$$

Bild 5-8 zeigt den Berechnungsablauf als Flußdiagramm. Interessant wäre sicherlich eine Kombination mit dem vorherigen Berechnungsalgorithmus.

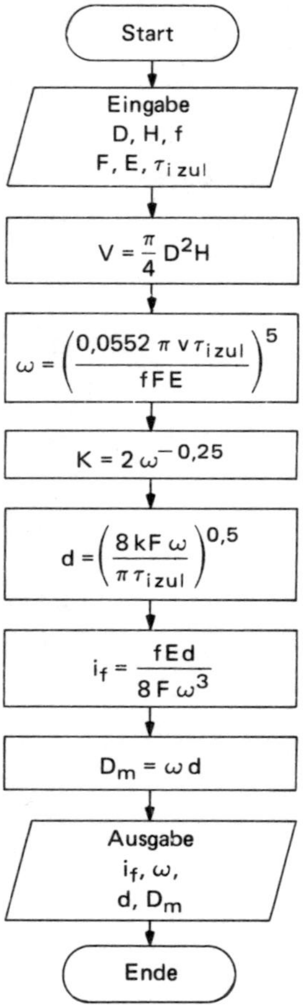


**Bild 5-8**

Flußdiagramm zur Federnauswahl mit kleinstem Raumbedarf

## 5.3 Simulation einer Federbewegung

Es soll nicht versäumt werden, auf die Möglichkeiten zur Berechnung dynamischer Vorgänge mit und an Maschinenelementen hinzuweisen. Als Beispiel solcher Möglichkeiten wird nachfolgend der Schwingungsvorgang einer Feder simuliert.

Wir betrachten den allgemeinen Fall einer freien gedämpften Schwingung unter Berücksichtigung der Federmasse. Die zum Zeitpunkt t nach Bild 5-9 an der schwingenden Masse angreifenden Kräfte sind die Federrückstellkraft

$$F_f = f s \tag{5.25}$$

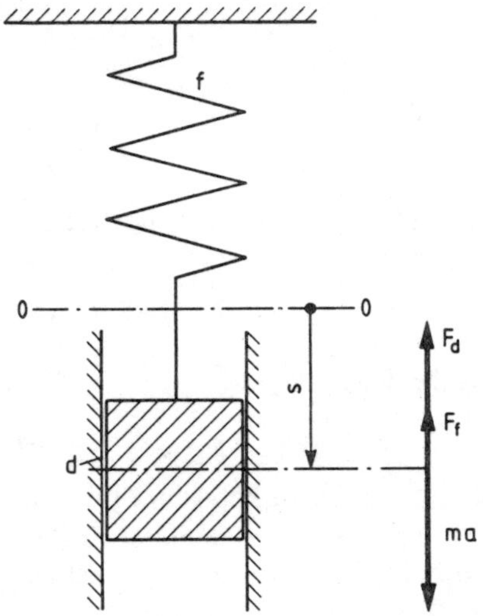


**Bild 5-9**
Freie gedämpfte Schwingung

mit der Federkonstanten f und die Dämpfungskraft

$$F_d = 2 m d \dot{s} \tag{5.26}$$

mit der Dämpfungskonstanten d, als Maß für die Dämpfungsintensität. Nach dem d'Alembertschen Prinzip folgt

$$m \ddot{s} = - f s - 2 m d \dot{s} \tag{5.27}$$

Durch Umstellung und Nennung der Differentialquotienten folgt

$$\frac{dv}{dt} = - \frac{f}{m} s - 2 d v \tag{5.28}$$

Hier stehen wir vor der *numerischen Lösung einer Differentialgleichung*. Die einfachste Methode ist das Verfahren nach Euler-Cauchy. Ist eine Differentialgleichung

$$y' = f(x, y) \tag{5.29}$$

gegeben und die Anfangsbedingung

$$y(x_0) = y_0 \tag{5.30}$$

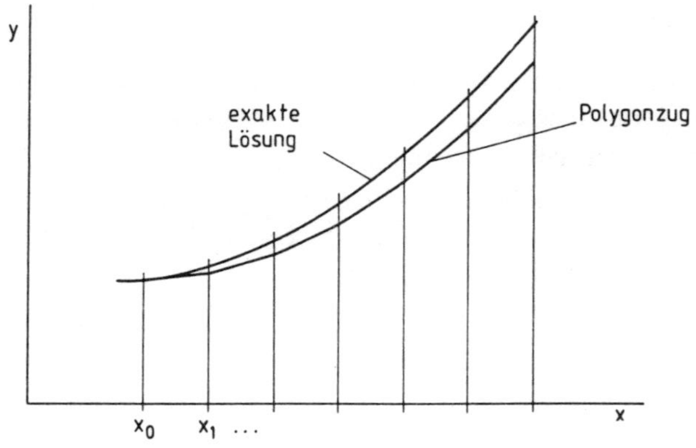


**Bild 5-10**
Euler-Cauchy-Verfahren

bekannt, so läßt sich die Anfangssteigung

$$y'(x_0) = y'_0 = f(x_0, y_0) \tag{5.31}$$

der gesuchten Lösung im Anfangspunkt ($x_0$, $y_0$) berechnen. Mit dieser Anfangssteigung geht man geradlinig um eine kleine Spanne h zur Nachbarstelle

$$x_1 = x_0 + h \tag{5.32}$$

Für ($x_1, y_1$) bestimmt sich aus der Differentialgleichung die neue Steigung

$$y'_1 = f(x_1, y_1). \tag{5.33}$$

Durch schrittweises Vorgehen (deterministisch) erhält man so einen Polygonzug für die gesuchte Lösung nach Bild 5-10. Es liegt auf der Hand, daß bei immer weiterer Entfernung vom Anfangszustand die numerische Lösung sich immer mehr von der exakten Lösung entfernt. Daher gibt es bedeutend bessere Verfahren. Insbesondere die Methode nach Runge-Kutta sei hier genannt. Sie ist auch auf Differentialgleichungen höherer Ordnung und auf Differentialgleichungssysteme anwendbar [7].

Für die aufgestellte Differentialgleichung der schwingenden Bewegung heißt die Nutzung des Euler-Cauchy-Verfahrens im ersten Schritt das Ersetzen des Differentialquotienten durch den Differenzenquotienten.

$$\frac{\Delta v}{\Delta t} = -\frac{f}{m} s - 2 d v \tag{5.34}$$

Die Voraussetzung für die Betrachtung eines Ansatzes zur Berücksichtigung der Federmasse besteht in der Annahme, daß jedes Teil der Feder einen gleichen Anteil an der gesamten Durchbiegung hat. Betrachten wir Bild 5-11, ergeben sich für die Durchbiegung an der Stelle s folgende Verhältnisse

$$y = \frac{s}{L} x \tag{5.35}$$

und auch

$$\dot{y} = \frac{s}{L} \dot{x}. \tag{5.36}$$

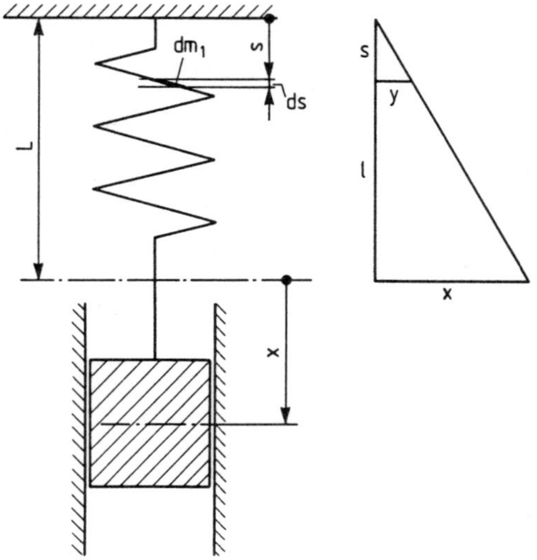


**Bild 5-11**
Schwingende Federmasse

Der Arbeitsanteil eines Massenelementes dm beträgt zu diesem Zeitpunkt

$$dW = \frac{dm_1}{2} \dot{y}^2. \tag{5.37}$$

Daraus folgt durch Integration

$$W = \frac{1}{2} \int dm_1 \, \dot{y}^2 \tag{5.38}$$

Mit

$$dm_1 = \frac{m_1}{L} ds, \tag{5.39}$$

worin $m_1$ die Federmasse ist, gilt

$$W = \frac{1}{2} \frac{m_1 \dot{x}^2}{L^3} \int_0^L s^2 \, ds \tag{5.40}$$

$$W = \frac{m_1}{6} \dot{x}^2 = \left(\frac{m_1}{3}\right) \frac{\dot{x}^2}{2}. \tag{5.41}$$

Das heißt aber, daß die Federmasse nominell zu einem Drittel am Schwingungsprozeß beteiligt ist. Gleichung (5.34) ergänzt sich damit zu

$$\frac{\Delta v}{\Delta t} = -\frac{f}{m + \frac{m_1}{3}} s - 2\, d v. \tag{5.42}$$

Bild 5-12 zeigt den entsprechenden Berechnungsalgorithmus.

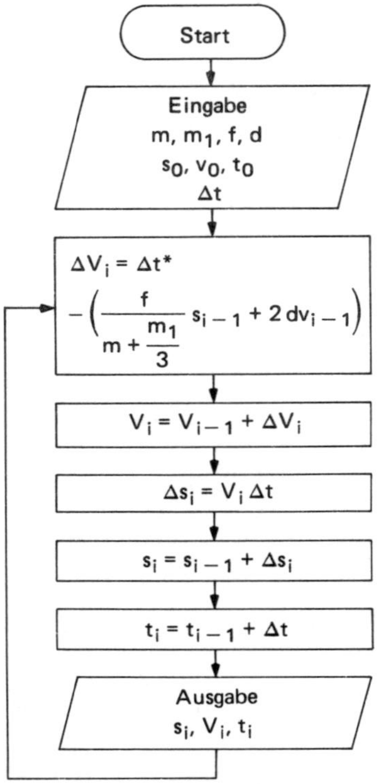


**Bild 5-12**
Flußdiagramm zur deterministischen Simulation einer freien gedämpften Schwingung

## 5.4 Berechnung von Tellerfederkombinationen

Die Berechnung von Tellerfedern (Bild 5-13) ist nach DIN 2092 genormt. Grundlage dieser Berechnung ist eine Gleichung nach Almen und Laszlo zur Bestimmung der Federkraft mit

$$F = \frac{905495\,s\,t}{K_1\,D_e^2}\left[(h_0 - s)\left(h_0 - \frac{s}{2}\right) + t^2\right] \tag{5.43}$$

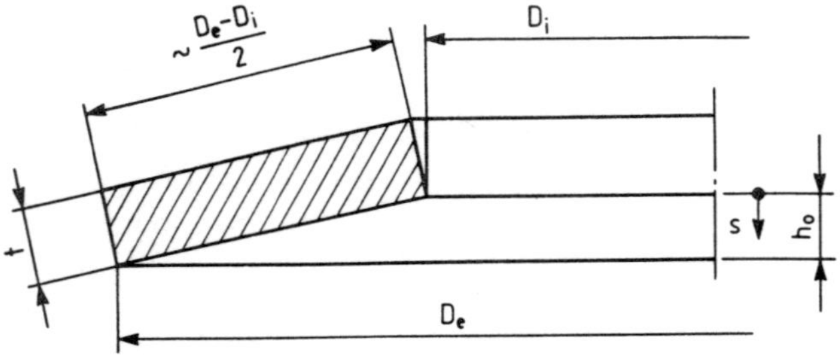


**Bild 5-13** Tellerfeder-Maße

für Tellerfedern aus Federstahl mit $E = 2{,}06 \cdot 10^5\ N/mm^2$ und der Poissonzahl $\nu = 0{,}3$. Darin ist s der Federweg und $k_1$ eine Konstante nach der Gleichung

$$k_1 = \frac{1}{\pi} \frac{\left(\frac{\delta - 1}{\delta}\right)^2}{\frac{\delta + 1}{\delta - 1} - \frac{2}{\ln \delta}} \tag{5.44}$$

mit

$$\delta = \frac{D_e}{D_i} \tag{5.45}$$

Obwohl Tellerfedern eine wesentlich günstigere Raumausnutzung als andere Federnarten aufweisen, reichen meist einzelne Federelemente nicht aus, um die erforderliche Federkraft bei gefordertem Federweg zu erbringen. Daher werden in der Regel gleichgroße Tellerfedern zu Federpaketen und diese Pakete gegensinnig zu Federsäulen nach Bild 5-14 geschichtet.

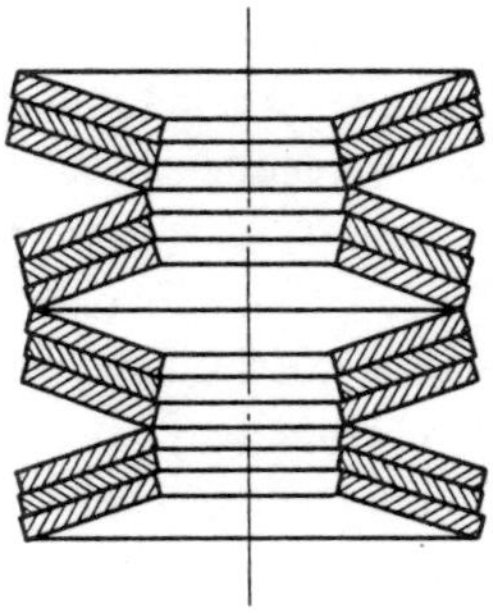

**Bild 5-14**
Schichtung von Tellerfedern

Die Gesamtfederkraft eines aus n Tellerfedern bestehenden Federpaketes berechnet sich aus

$$F_{ges} = n F \tag{5.46}$$

Für i gegensinnig geschichtete Tellerfedern bzw. Federpakete folgt für den gesamten Federweg

$$s_{ges} = i\, s \tag{5.47}$$

Außerdem soll im nachfolgenden Berechnungsalgorithmus die zwischen gleichsinnig geschichteten Tellerfedern auftretende Reibung berücksichtigt werden. Die Reibung bewirkt bei einer Belastung einer Vergrößerung und bei Entlastung eine Verringerung der nominellen Federkraft, entsprechend der Darstellung in Bild 5-15.

Für ein n-fach gleichsinnig geschichtetes Paket ist die Belastungskraft

$$F_B = \frac{n F}{1 - \frac{2 t \mu (n - 1)}{D_e - D_i}} \tag{5.48}$$

Bild 5-15

Feder- und Reibungsarbeit bei Be- und Entlastung

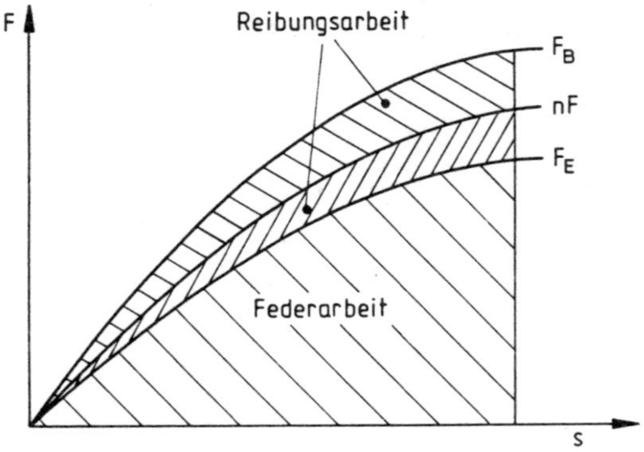


und die Entlastungskraft

$$F_E = \frac{nF}{1 + \frac{2t\mu(n-1)}{D_e - D_i}} . \tag{5.49}$$

Die nach Bild 5-15 auftretende Reibungsarbeit ist eine interessante Größe, da sie zum größten Teil in Wärme umgesetzt wird. Natürlich ist auch die zu leistende Arbeit für die Berechnung wichtig. Sie muß ja möglicherweise einer vorhandenen Bewegungsenergie, die es umzusetzen gilt, äquivalent sein.

Zur Berechnung des bestimmten Integrals der Funktion im Kraft-Weg-Diagramm nach Bild 5-15 helfen Methoden der *Numerischen Integration*. Es gibt viele Methoden zur Konstruktion von Quadraturformeln wie Interpolationsquadraturformeln, Tschebyscheffsche Quadraturformeln, Quadraturformeln mit optimaler Fehlerordnung nach geeigneter Stützstellenwahl, die Romberg-Methode, usw. [7].

Wir benutzen nachfolgend aus der Gruppe der Interpolationsquadraturformeln die Sehnentrapezformel. Sie gehört wie die Simpsonsche-Formel, die 3/8-Formel oder die 4/90-Formel und deren summierte Formen zur Gruppe der Newton-Codes-Formeln.

Bei der Sehnentrapez-Methode wird der Funktionsverlauf nach Bild 5-16 durch einen Polygonzug angenähert.

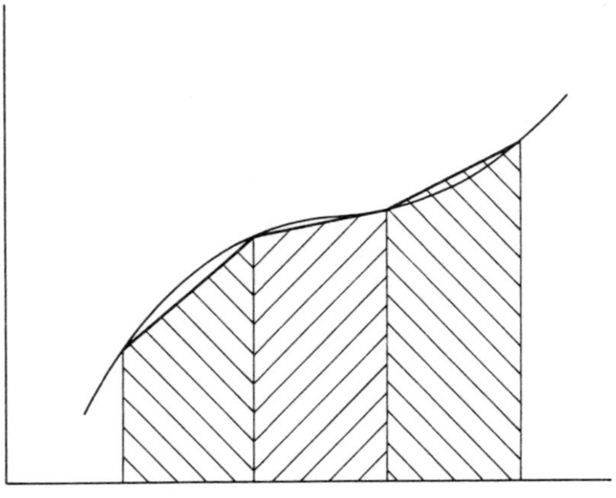

Bild 5-16

Die Sehnentrapez-Methode

Nun können wir mit der Konstruktion des Berechnungsalgorithmus in Bild 5-17 beginnen. Dabei wird der mögliche Federweg in äquidistante Teilwege zerlegt und dem beschriebenen Berechnungsgang unterzogen.

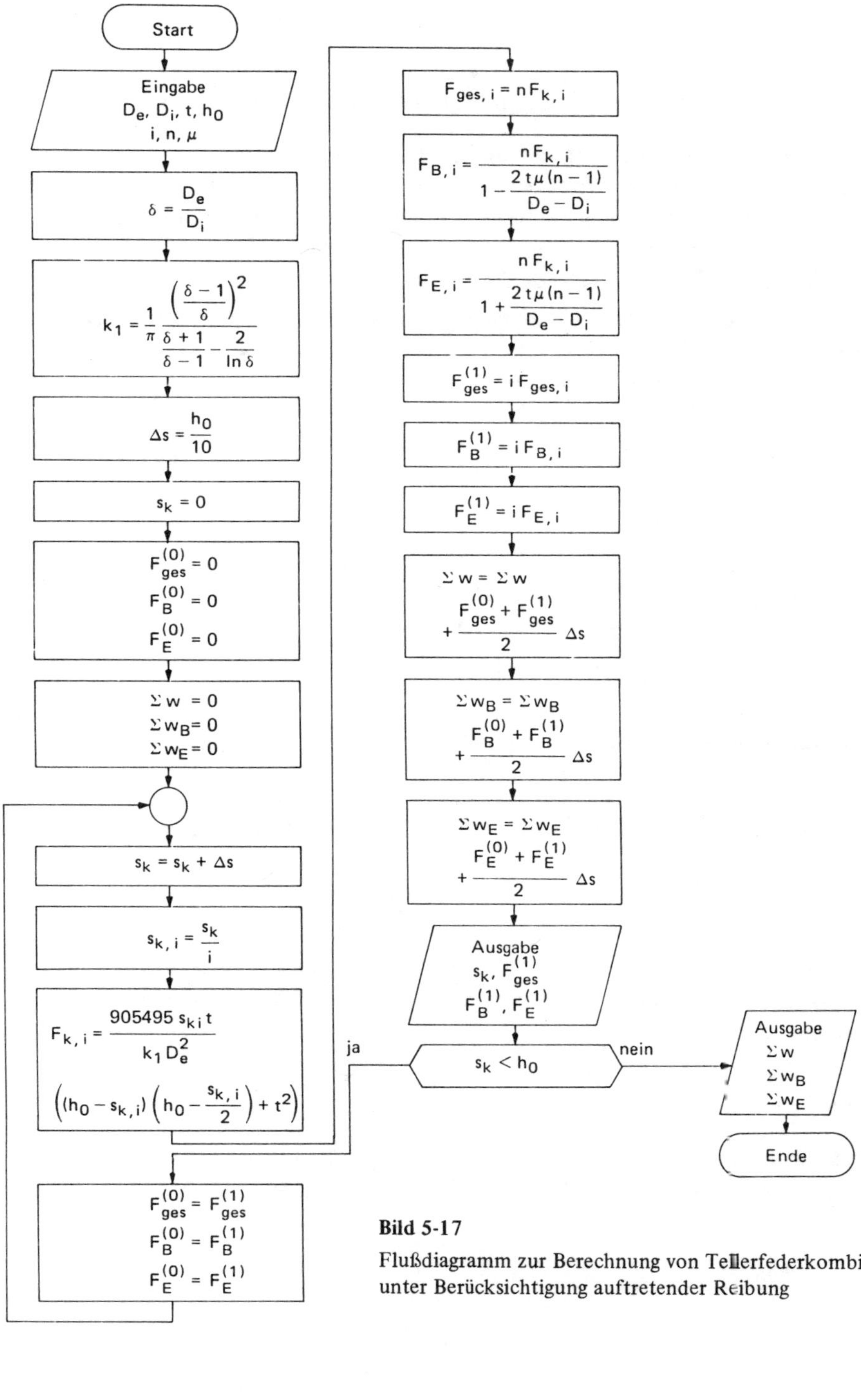


**Bild 5-17**

Flußdiagramm zur Berechnung von Tellerfederkombinationen unter Berücksichtigung auftretender Reibung

# 6 Achsen und Wellen

## 6.1 Durchbiegung n-fach abgesetzter Achsen und Wellen

Wellen und Achsen haben in der Regel tragende Funktionen und werden daher auf Biegung belastet. Ihre Auslegung richtet sich einerseits nach der zulässigen Biegespannung und andererseits nach der maximal zulässigen Durchbiegung. Bei der Auslegung von Wellen kommt zum Biegemoment eine größte Belastung durch ein Torsionsmoment hinzu. Hervorgerufen durch das zu übertragende Drehmoment.

Zur Formelableitung betrachten wir einen einseitig eingespannten Stab nach Bild 6-1. Seine Länge wird in nicht notwendig gleich große Schrittweiten $\Delta x_i$, i = 1 (1) n zerlegt. Betrachten wir weiterhin das erste Element mit der Länge $x_1$ in Bild 6-2.

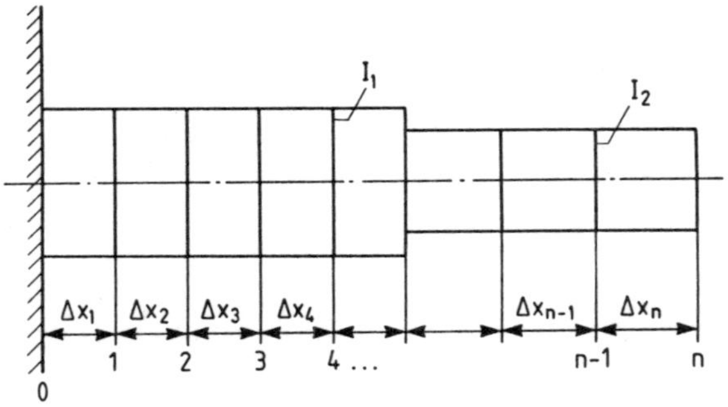


**Bild 6-1** Einseitig eingespannte Achse

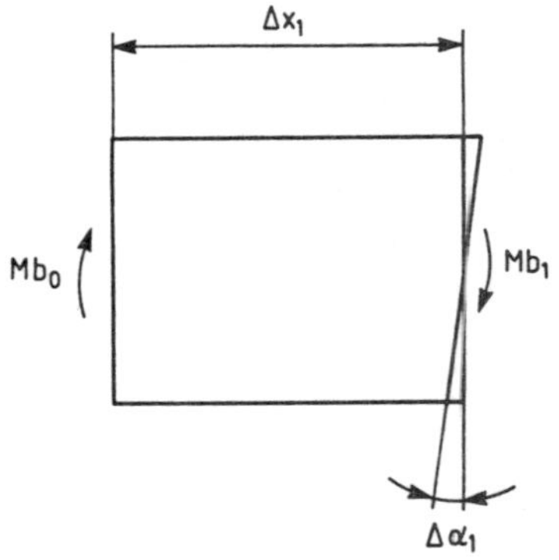


**Bild 6-2** Biegung einer Achsendifferenz

Durch Einwirkung eines resultierenden Momentes aus allen Belastungen verformt sich das Element um den Winkel $\Delta\alpha_1$. Setzen wir nun angenähert das arithmetische Mittel der Biegemomente

$$M_{b_{0,1}} = \frac{M_{b_0} + M_{b_1}}{2} \tag{6.1}$$

als konstant über dem Streckenelement $\Delta x_1$ voraus, so bildet sich nach Bild 6-3 die Biegelinie als Kreisbogen aus. Die Winkeländerung ist aus der Gleichung der elastischen Linie angenähert bestimmbar aus

$$\Delta\alpha_1 = \frac{M_{b_{0,1}}\,\Delta x_1}{I_1\,E}\,. \tag{6.2}$$

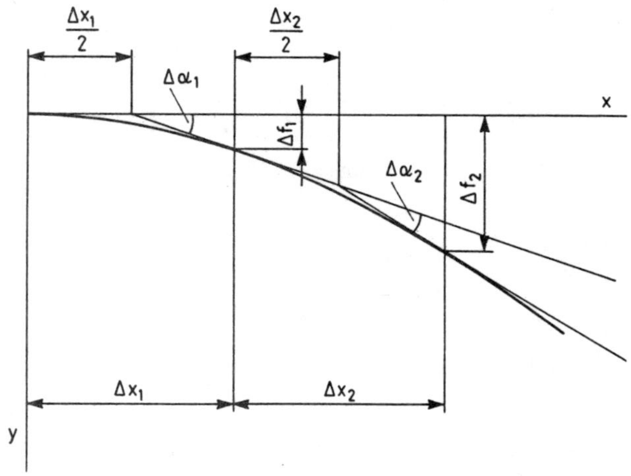


**Bild 6-3**
Durchbiegungsverhältnisse

Woraus sich sofort die Durchbiegung an der Stelle 1 bestimmen läßt

$$\Delta f_1 = \frac{1}{2}\,\Delta x_1 \tan(\Delta\alpha_1) \tag{6.3}$$

Wegen kleiner Winkel läßt sich mit hinreichender Genauigkeit auch setzen

$$\Delta f_1 = \frac{1}{2}\,\Delta x_1\,\Delta\alpha_1\,. \tag{6.4}$$

Für das nachfolgende Element bestimmt sich dann eine Durchbiegung von

$$\Delta f_2 = \frac{1}{2}\,\Delta x_2\,\Delta\alpha_2 + \left(\frac{\Delta x_1}{2} + \Delta x_2\right)\Delta\alpha_1 \tag{6.5}$$

Allgemein für die i-te Stelle gilt

$$\begin{aligned}\Delta f_i = {} & \frac{1}{2}\,\Delta x_i\,\Delta\alpha_i + \left(\frac{\Delta x_1}{2} + \Delta x_2 + \ldots + \Delta x_i\right)\Delta\alpha_1 \\ & + \left(\frac{\Delta x_2}{2} + \Delta x_3 + \ldots + \Delta x_i\right)\Delta\alpha_2 \\ & \vdots \\ & + \left(\frac{\Delta x_{i-1}}{2} + \Delta x_i\right)\Delta\alpha_{i-1}\end{aligned} \tag{6.6}$$

bzw.

$$\Delta f_i = \sum_{k=1}^{i}\left(\frac{\Delta x_k}{2} + \sum_{l=k+1}^{i}\Delta x_l\right)\Delta\alpha_k\,. \tag{6.7}$$

Woraus letztlich die maximale Durchbiegung für i = n folgt.

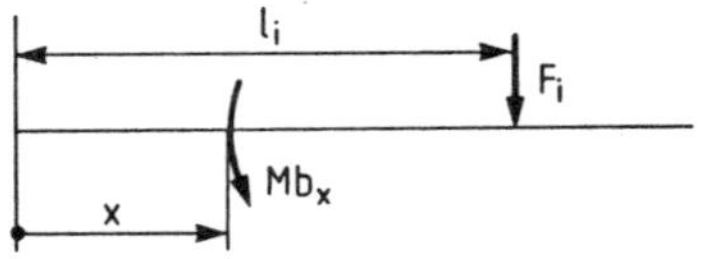


**Bild 6-4** Einzellast

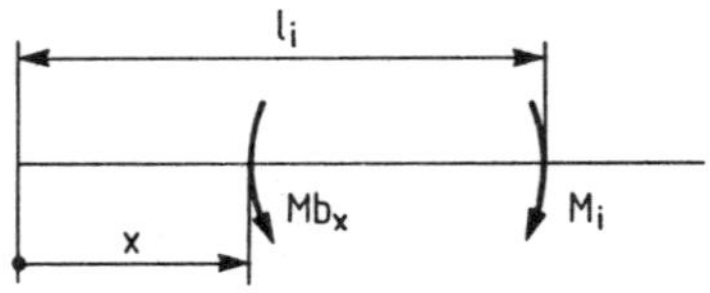


**Bild 6-5** Externes Moment

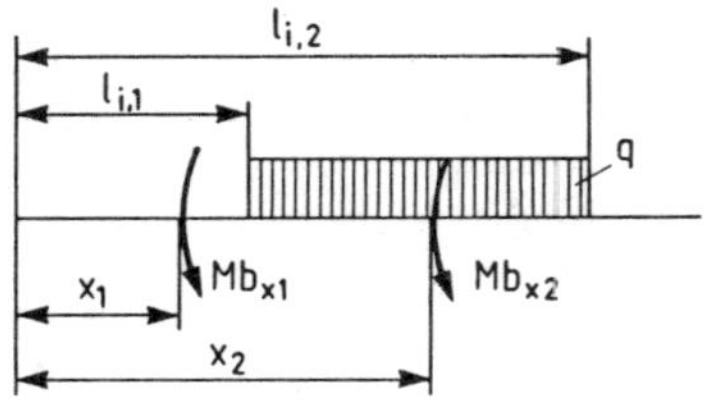


**Bild 6-6** Streckenlast

Bezüglich des Biegemomentes an der Stelle x hat eine Einzelkraft nach Bild 6-4 den Anteil

$$M_{b_x} = F_i(l_i - x), \quad x < l_i \tag{6.8}$$

Für ein externes Moment nach Bild 6-5 bestimmt sich der Momentenanteil nach

$$M_{b_x} = M_i, \quad x < l_i \tag{6.9}$$

Es folgt für eine konstante spezifische Streckenlast q nach Bild 6-6

für $x_1 < l_{i,1}$:

$$M_{b_{x1}} = q(l_{i,2} - l_{i,1})\left(\frac{l_{i,1} + l_{i,2}}{2} - x_1\right) \tag{6.10}$$

für $l_{i,1} <= x_2 < l_{i,2}$:

$$M_{b_{x2}} = q(l_{i,2} - x_2)\left(\frac{l_{i,2} + x_2}{2} - x_2\right) \tag{6.11}$$

Im nachfolgenden Berechnungsalgorithmus nach Bild 6-7 müssen zunächst in einer Eingabephase alle angreifenden äußeren Kräfte, Momente und Streckenlasten erfaßt werden. Danach erfolgt schrittweise die Berechnung der zunehmenden Biegung. Außer der Schrittweitenangabe braucht das Flächenträgheitsmoment des betreffenden Wellenabschnitts nur bei der ersten Schrittweite und einer Änderung eingegeben werden.

Dieser für einseitig eingespannte Achsen und Wellen entstandene Berechnungsalgorithmus ist noch viel allgemeiner anwendbar. So läßt sich auch die Durchbiegung einer beidseitig aufliegenden abgesetzten Achse nach Bild 6-8 berechnen. Dazu wird diese an einer beliebigen Stelle – wegen des geringen Aufwandes möglichst an einer Stelle mit Einzellast, etc. – zerteilt gedacht, und die beiden Achsenstücke werden wie an ihrer Trennstelle eingespannte Achsen behandelt. Das Vorzeichen von Belastungs- und Lagerkraft muß dabei beachtet werden.

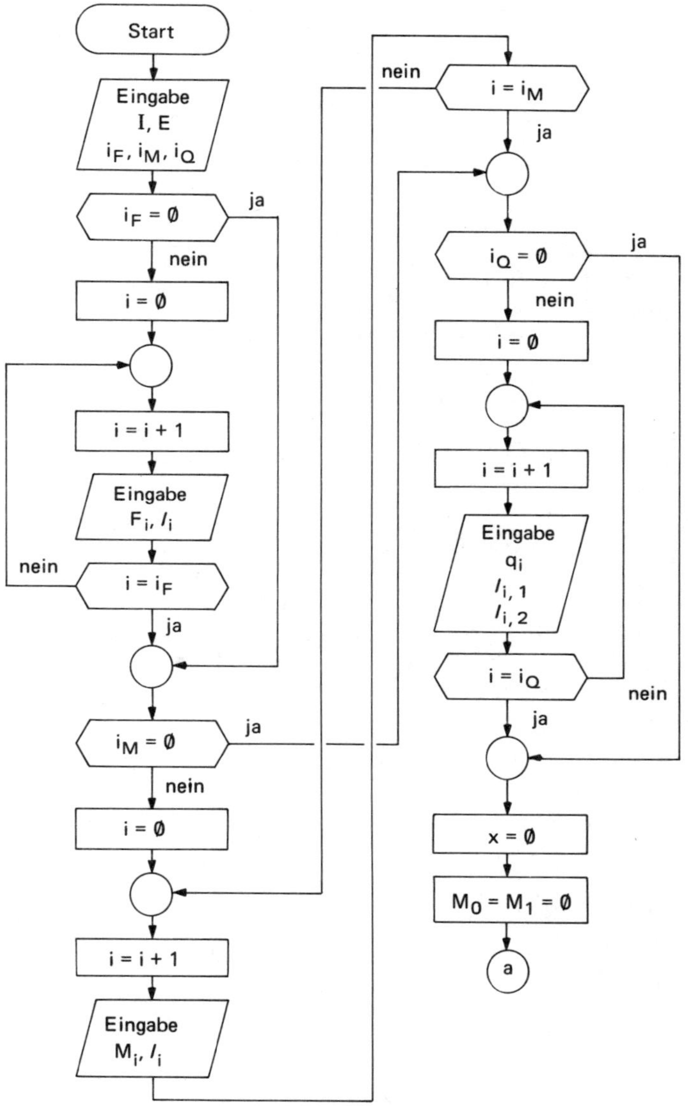


**Bild 6-7** Flußdiagramm zur Berechnung der Durchbiegung abgesetzter Achsen und Wellen

**Bild 6.7** (Fortsetzung)

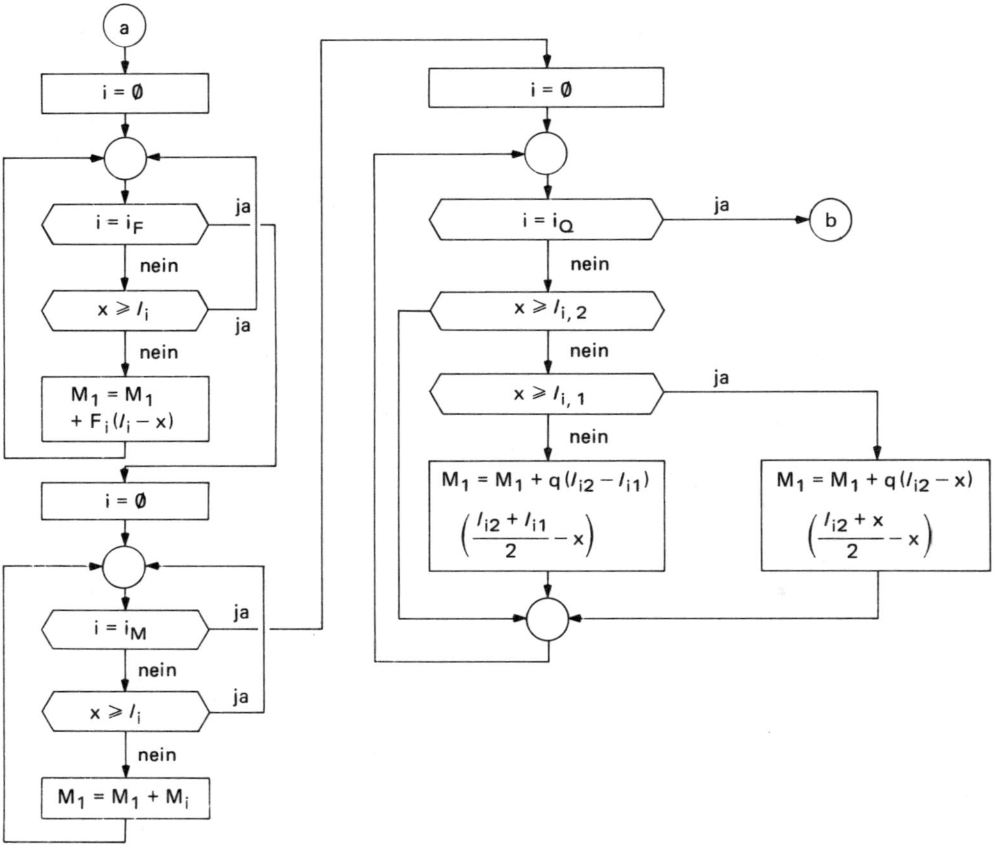

**Bild 6.7** (Fortsetzung)

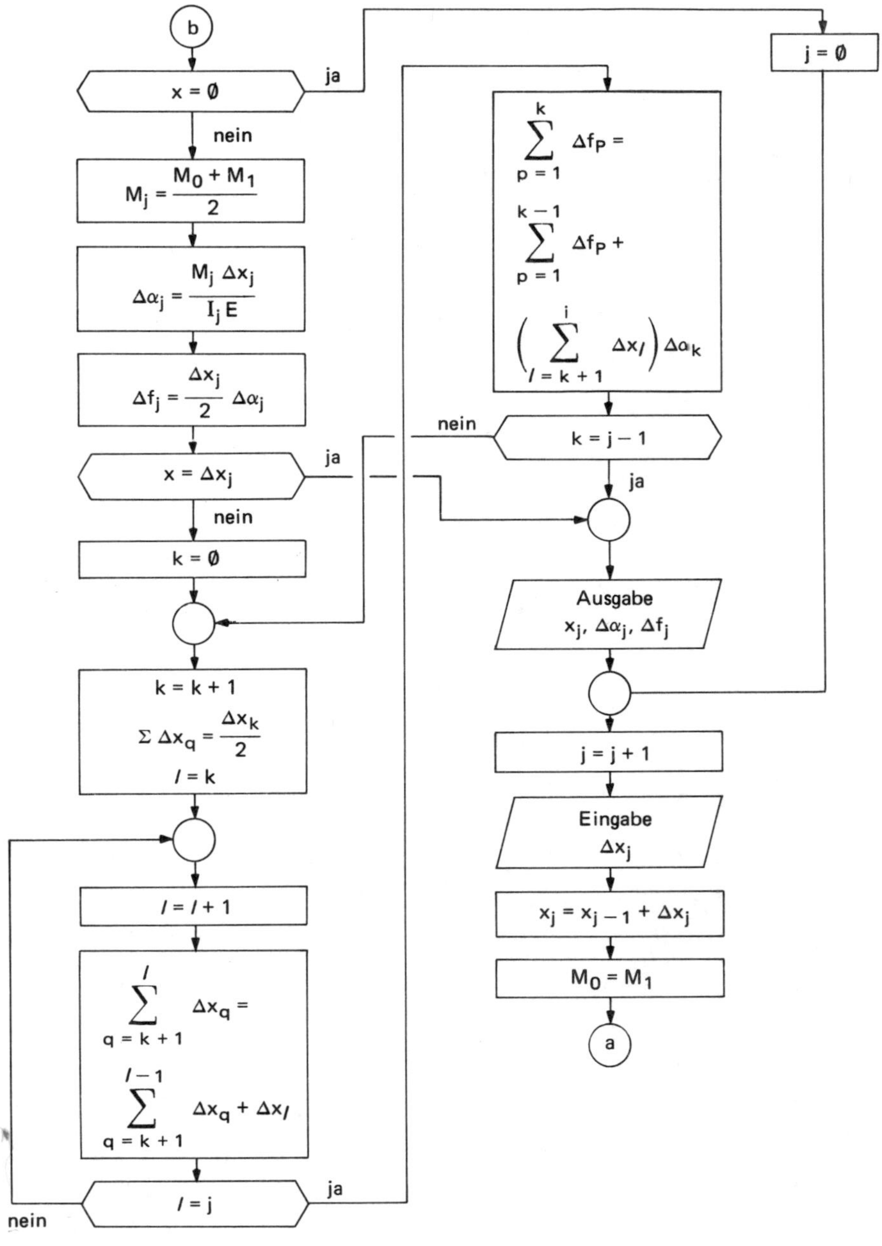

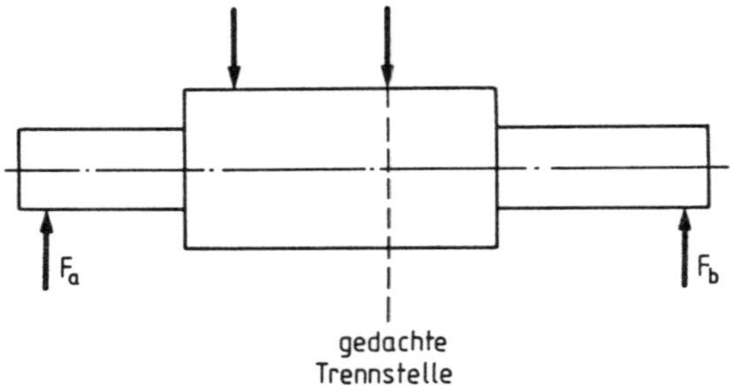


**Bild 6-8**
Beidseitig gelagerte Achse

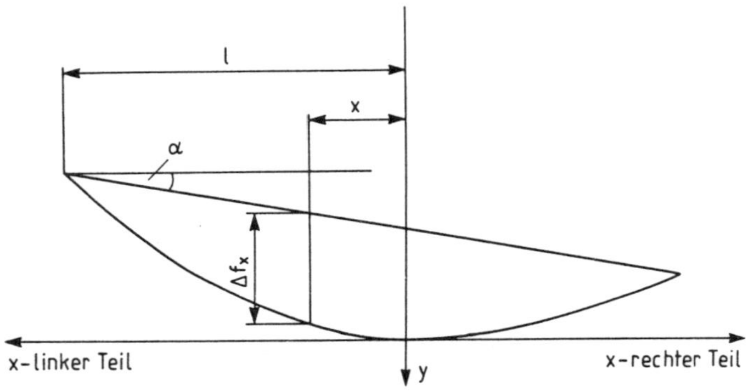


**Bild 6-9**
Durchbiegung einer beidseitig aufliegenden Achse

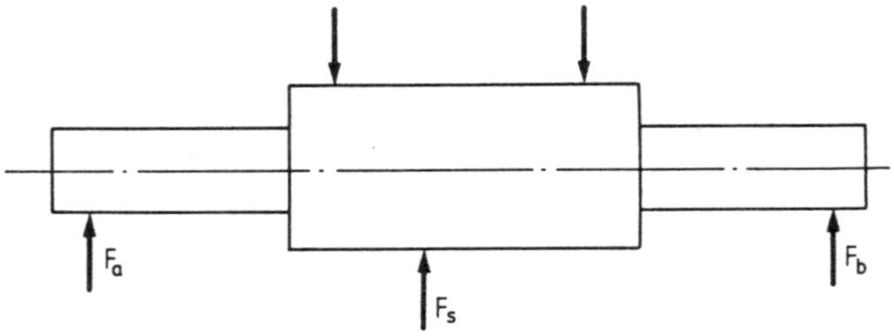


**Bild 6-10**
Dreifach gelagerte Achse

Beide Berechnungen ergeben Kurven, die nach Bild 6-9 zusammengesetzt werden. Da in den Auflagen die Durchbiegung Null werden muß, läßt sich eine Gerade zu beiden Punkten legen. Die tatsächliche Durchbiegung an der Stelle x ist

$$\Delta f_x = -\Delta f_b + (l - x)\tan(\alpha) \tag{6.12}$$

Abschließend wollen wir noch einen statisch unbestimmten Fall behandeln, die Lagerung einer abgesetzten Achse in drei Punkten. Bild 6-10 zeigt den Sachverhalt. Zunächst läßt man das mittlere Lager unbeachtet und ermittelt die Durchbiegung für eine beidseitig aufliegende Achse nach der zuvor beschriebenen Methode. Anschließend wird die Durchbiegung für die gleiche Welle nur mit der mittleren Stützkraft belastet ermittelt. Da die Stützkraft nicht bekannt ist, wird zunächst eine beliebige Kraft angenommen, wir nennen sie

$F_{s*}$. Mit Hilfe der Durchbiegung $f_s$ ohne Stützkraft und der Durchbiegung $f_{s*}$ bei angenommener Stützkraft $F_{s*}$ ist

$$F_s = F_{s*} \frac{f_s}{f_{s*}} \tag{6.13}$$

die tatsächliche Stützkraft, denn an ihrer Stelle muß die Durchbiegung Null werden. Für die Außenlager gilt in gleicher Weise

$$F_a = F_{a*} \frac{f_s}{f_{s*}} \tag{6.14}$$

bzw.

$$F_b = F_{b*} \frac{f_s}{f_{s*}}. \tag{6.15}$$

Darin sind $F_{a*}$ und $F_{b*}$ die aus der Belastung nur mit angenommener mittlerer Stützkraft gewonnenen Lagerreaktionen. Nun wird dieser Fall noch einmal mit den so normierten Kräften nachgerechnet. Die Summe der beiden Durchbiegungen stellt die tatsächliche Durchbiegung dar.

## 6.2 Biegeschwingungen bei Wellen

Unsymmetrisch zur Wellenmittellinie verteilte Massen erzeugen sogenannte Biegeschwingungen. Schon durch diskontinuierliche Verteilung der Wellenmasse treten diese Schwingungen auf.

Betrachten wir zunächst nach Bild 6-11 eine massenlose Welle mit exentrisch gelagerter Einzelmasse. Bei Rotation der Welle mit der Winkelgeschwindigkeit $\omega$ tritt durch Fliehkraft eine Durchbiegung f auf. Die Fliehkraft berechnet sich aus

$$F_F = m(e + f)\,\omega^2 \tag{6.16}$$

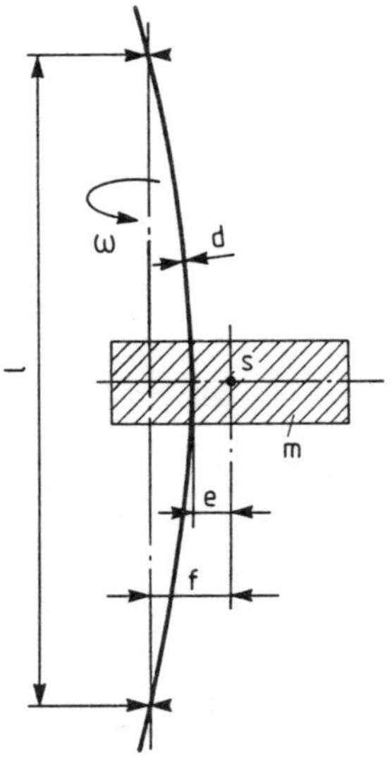


**Bild 6-11**
Durchbiegung einer Welle bei Rotation

Der Fliehkraft entgegen wirkt eine Rückstellkraft (Federkraft) von der Größe

$$F = Rf \tag{6.17}$$

Darin ist R die Federrate der Welle. Durch Gleichsetzung folgt

$$Rf = m(e + f)\,\omega^2 \tag{6.18}$$

$$f = \frac{m\,\omega^2}{R - m\omega^2}\,e \tag{6.19}$$

Die Durchbiegung wird unendlich groß, wenn der Nenner in Gleichung (6.19) gegen Null geht. Daraus folgt die kritische Drehzahl mit

$$\omega_k = \sqrt{\frac{R}{m}}. \tag{6.20}$$

Durch Umformung der Gleichung (6.19) und Einsatz von $R = \left(\frac{\omega}{\omega_k}\right)^2$ folgt

$$\frac{f}{e} = \frac{1}{1 - \left(\frac{\omega}{\omega_k}\right)^2} \tag{6.21}$$

Den Funktionsverlauf dieser Beziehung zeigt Bild 6-12.

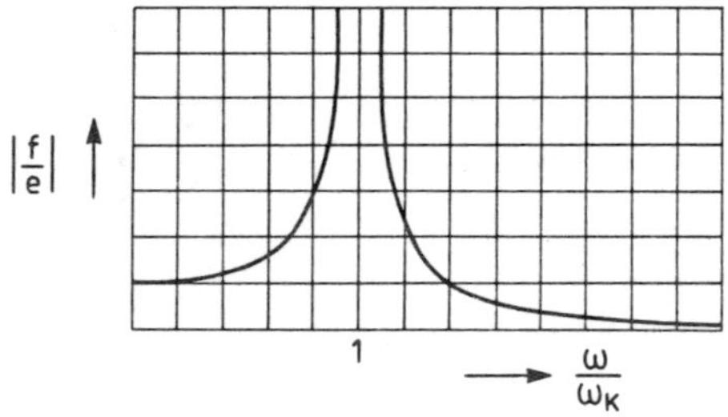


**Bild 6-12**
Schwerpunktausschlag f/e in Abhängigkeit von $\omega/\omega_k$

Die Bestimmung von R läßt sich auf sehr praktische Weise durchführen. Ist die Masse der Welle bekannt und kann die Durchbiegung $f_e$ unter dem Eigengewicht der Welle gemessen werden, so ist

$$R = \frac{mg}{f_e} \tag{6.22}$$

Nun kann aber eine Welle nicht als massenlos angesehen werden. Für eine glatte Welle mit ihrer Masse ergeben sich mehrere kritische Drehzahlen unterschiedlichen Grades. Zur Berechnung genügt die Ermittlung der Eigenfrequenz ersten Grades. Sie bestimmt sich aus partiellen Differentialgleichungen

$$\omega_{kw} = \frac{\pi^2}{l^2}\sqrt{\frac{EI}{\rho A}} \tag{6.23}$$

darin ist $\rho$ die Materialdichte.

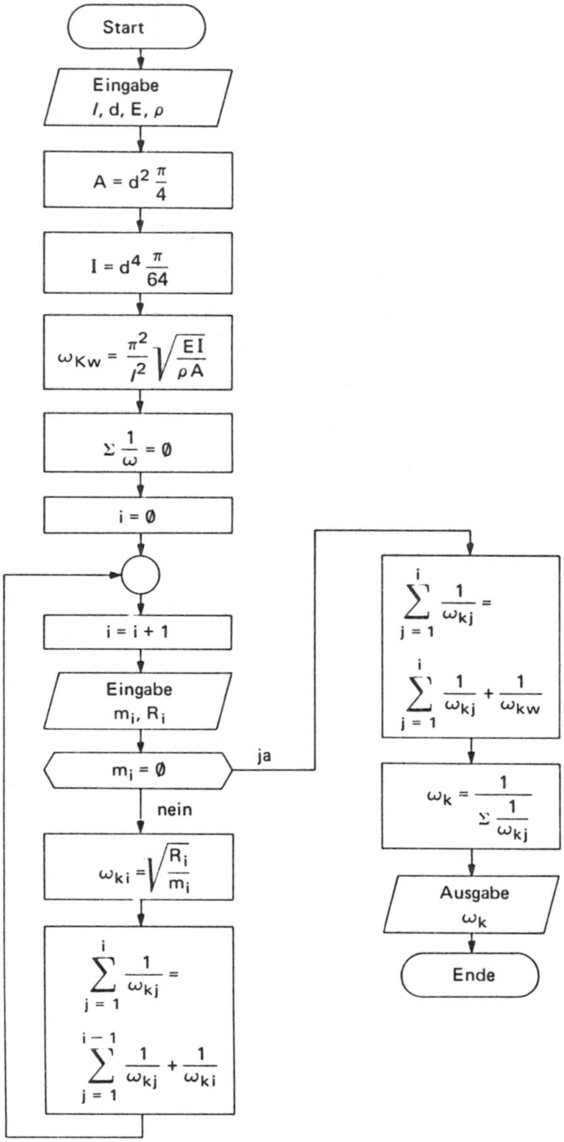


**Bild 6-13**

Flußdiagramm zur Bestimmung einer kritischen Drehzahl

Letztlich bestimmt sich die kritische Drehzahl von Wellen mit n aufgesetzten Massen nach Dunkerley aus

$$\frac{1}{\omega_k^2} = \frac{1}{\omega_{kw}^2} + \sum_{i=1}^{n} \frac{1}{\omega_{ki}^2}. \tag{6.24}$$

Nachfolgend nun der Berechnungsalgorithmus zur Bestimmung der kritischen Drehzahl einer glatten Welle mit aufgesetzten Massen in Bild 6-13.

## 6.3 Drehschwingungen bei Wellen

Drehschwingungen treten bei Wellen durch periodische Drehschwankungen auf. Betrachten wir dazu in Bild 6-14 eine Anordnung von zwei Massen, verbunden durch ein elastisches Wellenstück. Durch Torsion der Welle um den Winkel $\varphi$ tritt ein rückstellendes Moment der Größe

$$T = \frac{G\,I_p}{l}\,\varphi \tag{6.25}$$

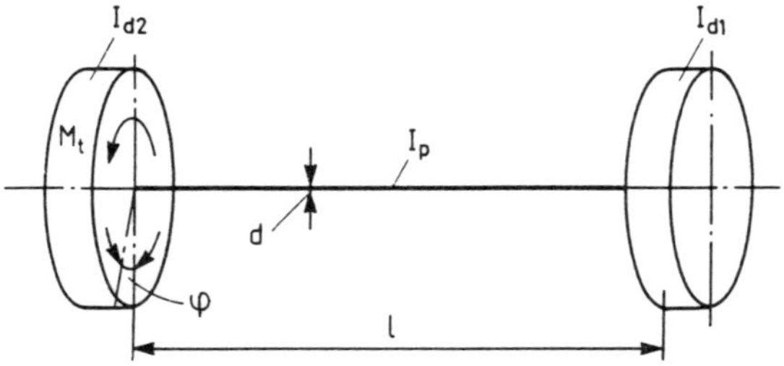


**Bild 6-14** Welle mit Drehmassen

auf. Umgestellt liefert

$$c_D = \frac{T}{\varphi} = \frac{G I_p}{l} \tag{6.26}$$

die Drehfederkonstante der Welle. Für eine Welle mit mehreren Durchmessern und Teillängen folgt für eine Reihenschaltung

$$\frac{1}{c_D} = \sum_{i=1}^{n} \frac{1}{c_{Di}} = \frac{1}{G} \sum_{i=1}^{n} \frac{l_i}{I_{pi}}. \tag{6.27}$$

Die Bewegungsgleichung für eine freie Drehschwingung lautet

$$I_d\,\ddot{\varphi} = -\frac{G I_p}{l}\,\varphi. \tag{6.28}$$

Umgestellt folgt daraus

$$\ddot{\varphi} = -\frac{G I_p}{l I_d}\,\varphi \tag{6.29}$$

und

$$d\omega = -\frac{G I_p}{l I_d}\,\varphi\,dt. \tag{6.30}$$

Nach der schon einmal praktizierten Methode, einen Differentialquotienten durch einen Differenzenquotienten zu ersetzen, folgt abschließend

$$\Delta\omega \approx -\frac{G I_p}{l I_d}\,\varphi\,\Delta t \tag{6.31}$$

Bild 6-15 zeigt einen Berechnungsalgorithmus, der noch um die Berechnung reduzierter Massen, bzw. Massenträgheitsmomente ergänzt werden kann.

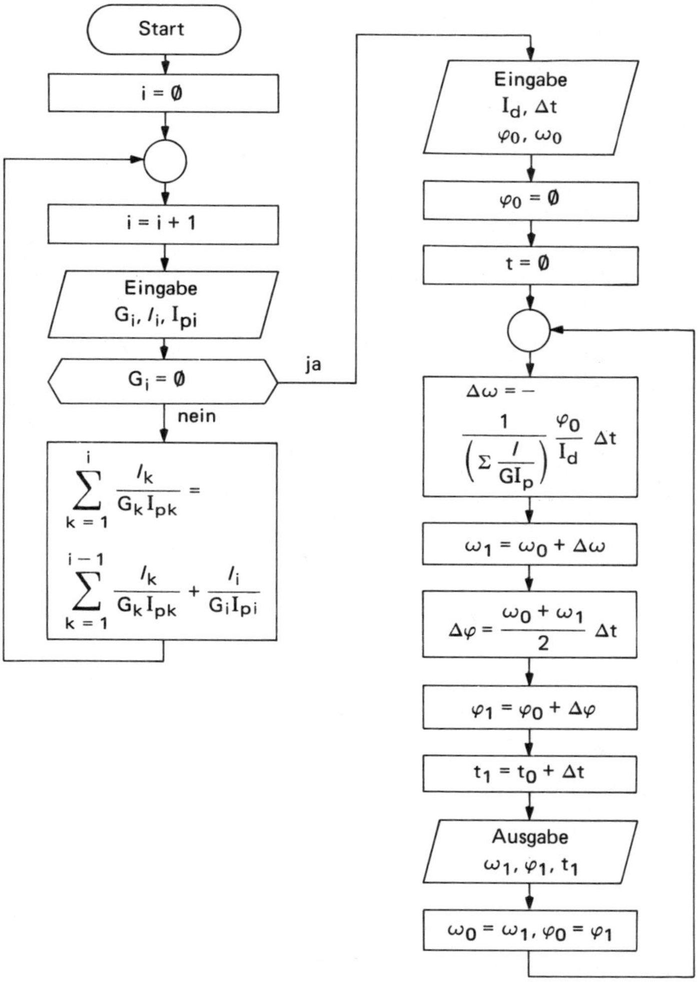


**Bild 6-15** Flußdiagramm zur Berechnung von Drehschwingungen

# 7 Elemente zum Verbinden von Wellen und Naben

## 7.1 Die belastungsoptimale Preßverbindung

Preßverbindungen werden durch Fügen von Bauteilen mit Übermaß erreicht. Dies geschieht bei Längspreßpassungen durch eine Fügekraft und bei Querpreßverbindungen durch Erwärmung oder Unterkühlung eines Bauteils. Letztere bezeichnet man daher auch als Dehn- oder Schrumpfverbindung. Grundlage aller Preßverbindungen ist die Übertragung von Kräften und Momenten durch einer erhöhte Gefügeverzahnung.

Einen Algorithmus für einen Festigkeitsnachweis einer nach Bild 7-1 dargestellten Preßverbindung können Sie aus [1] entnehmen.

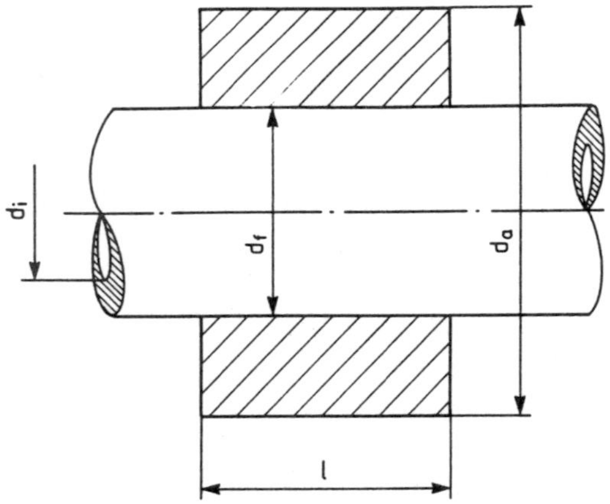


**Bild 7-1** Preßverbindung

Wir interessieren uns für eine gleichmäßige Belastung des Innen- und Außenteils. Dies führt zur Frage nach dem optimalen Fugendurchmesser $d_f$ bei gegebenem Innendurchmesser $d_i$ (kann Null sein) und Außendurchmesser $d_a$. Auch die Paßlänge $l$ soll gegeben sein. Wenn auch der optimale Fugendurchmesser nicht immer erzielt werden kann, so sind doch seine Lage und die Zusammenhänge zwischen Bauteilabmessungen und Festigkeitsbedingungen wichtige Erkenntnisse für die Auslegung einer solchen Verbindung. Eine weitere Restriktion ist die Voraussetzung eines ebenen Spannungszustandes. Zur Verallgemeinerung helfen uns die Durchmesserquotienten

$$q = \frac{d_i}{d_a} \tag{7.1}$$

$$q_a = \frac{d_f}{d_a} \tag{7.2}$$

und

$$q_i = \frac{d_i}{d_f} \tag{7.3}$$

Zwischen Ihnen besteht die direkte Beziehung

$$q = q_i \, q_a \tag{7.4}$$

Damit folgt nach der Gestaltänderungs-Hypothese die Vergleichsspannung am offenen dickwandigen Hohlzylinder für das Außenteil

$$\sigma_{v,a} = p \sqrt{3 + \frac{q_a^4}{1 - q_a^2}} \tag{7.5}$$

und für das Innenteil

$$\sigma_{v,i} = \frac{2p}{1 - q_i^2} \tag{7.6}$$

Bei einer Vollwelle mit $q_i = 0$ ist

$$\sigma_{v,i,o} = p. \tag{7.7}$$

Diese den Belastungsfall charakterisierende Vergleichsspannung darf eine durch Sicherheitsbeiwerte behaftete Spannungsgrenze nicht überschreiten. Diese Grenze wollen wir mit $\sigma_{zul}$ bezeichnen und als gegeben voraussetzen. Da in der Regel auch unterschiedliche Materialien gefügt werden, definieren wir zusätzlich die Beziehung

$$c = \frac{\sigma_{zul\,i}}{\sigma_{zul\,a}} \tag{7.8}$$

Die in den Gleichungen (7.5) bis (7.6) enthaltene Fugenpressung p darf diese zulässigen Grenzwerte gerade erreichen. Daraus resultiert durch Einsetzen der zulässigen Spannungswerte in die Gleichungen eine relative Fugenpressung für das Außenteil von

$$\frac{p}{\sigma_{zul\,a}} = \frac{1 - q_a^2}{\sqrt{3 + q_a^4}} \tag{7.9}$$

und für das Innenteil von

$$\frac{p}{\sigma_{zul\,i}} = \frac{1}{2}(1 - q_i^2)\,c \tag{7.10}$$

bzw.

$$\frac{p}{\sigma_{zul\,a,o}} = c \tag{7.11}$$

Trägt man nun die relative Fugenpressung für Außen- und Innenteil über den Durchmesserquotienten auf einer logarithmisch unterteilten Abszisse auf, so erhält man ein in Bild 7-2 dargestelltes Diagramm. Für $q_a = q_i = 1$ ist die relative Fugenpressung logischerweise Null. Sie steigt dann mit abnehmenden Durchmesserverhältnissen für das Außen- und Innenteil entgegengesetzt an. Der Schnittpunkt der beiden Kurven zeigt diejenigen

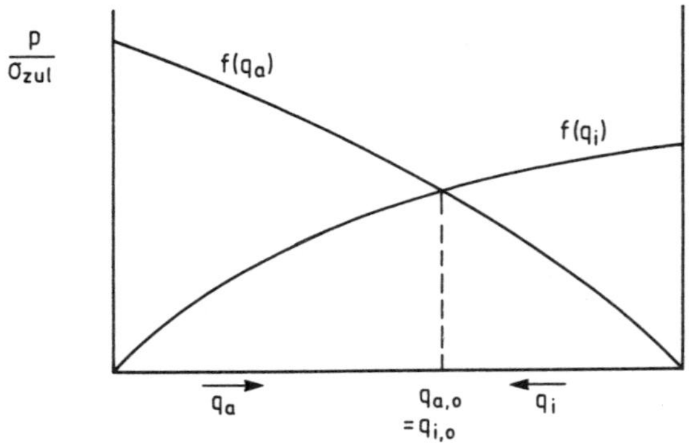


**Bild 7-2**
Relative Fugenpressung

Durchmesserverhältnisse an, bei denen Außen- und Innenteil in gleichem Maße belastet werden. Hier ist die größtmögliche Fugenpressung nach den vorhandenen Materialien erzielbar. Den so bestimmten Fugendurchmesser bezeichnen wir im Sinne der Belastung als optimalen Fugendurchmesser.

Methodisch führt uns die Frage nach dem optimalen Fugendurchmesser zur Suche der Wurzel einer Gleichung. Eine exakte Bestimmung ist nur für algebraische Gleichungen der allgemeinen Form bis zum 4. Grade möglich. Gleichungen höheren Grades oder transzendente Gleichungen lassen sich nur mit indirekten Methoden lösen. Die Numerische Mathematik bietet unter dem Begriff Nullstellenproblem einige Methoden zur näherungsweisen Bestimmung an. Unter diesen eignet sich die Gruppe der iterativen Verfahren besonders zum Einsatz eines Digitalrechners. Dabei wird als Ausgang der Schätzwert für eine Nullstelle gegeben. Diese Schätzung muß nur für das jeweilige Verfahren hinreichend genau sein. Mit Hilfe einer Regel oder Rechenvorschrift wird damit eine verbesserte Näherung gefunden. Diese ist wieder Ausgangspunkt für eine erneute Bestimmung einer noch besseren Näherung. Damit entsteht eine Folge von Näherungslösungen. Der Prozeß endet, wenn zwei Näherungslösungen mit der gewünschten Genauigkeit nahe genug aneinander liegen. Sie werden praktisch als gleich angesehen und gelten als die Wurzel.

In der Praxis ist die Anwendung iterativer Methoden nicht ganz problemlos. Oft gibt es eine konvergente Näherungsfolge nur in einem Teilgebiet. Wer ein Programm für eine iterative Methode schreibt, sollte dies beachten. Notfalls muß eine Vorschrift im Programm den Abbruch nach einer bestimmten Anzahl von Iterationen durchführen.

Die nachfolgend benutzte *Bisektions-* oder *Intervallhalbierungs-Methode* liefert für eine auf einem Intervall stetige und glatte Funktion eine Näherung, die mit Sicherheit bei einer Wurzel konvergiert. Vorgegeben ist ein Intervall, in dem sich eine Nullstelle befindet. Das Kriterium hierfür ist ein unterschiedliches Vorzeichen von Funktionswerten der beiden Intervallgrenzen. Dann wird das Intervall halbiert und es wird diejenige Intervallhälfte gewählt, für die das obige Kriterium gilt, usw. Auf diese Weise nähern sich beide Intervallgrenzen langsam der Nullstelle.

Unser optimaler Fugendurchmesser bestimmt sich aus der Gleichung

$$\frac{1 - q_a^2}{\sqrt{3 + q_a^4}} - \frac{c}{2}(1 - q_i^2) = \emptyset \qquad (7.12)$$

Woraus nach Gleichung (7.4)

$$\frac{1 - q_a^2}{\sqrt{3 + q_a^4}} - \frac{c}{2}\left(1 - \left(\frac{q}{q_a}\right)^2\right) = \emptyset \tag{7.13}$$

wird. Für die Vollwelle folgt analog die einfachere Beziehung

$$\frac{1 - q_a^2}{\sqrt{3 + q_a^4}} - c = \emptyset. \tag{7.14}$$

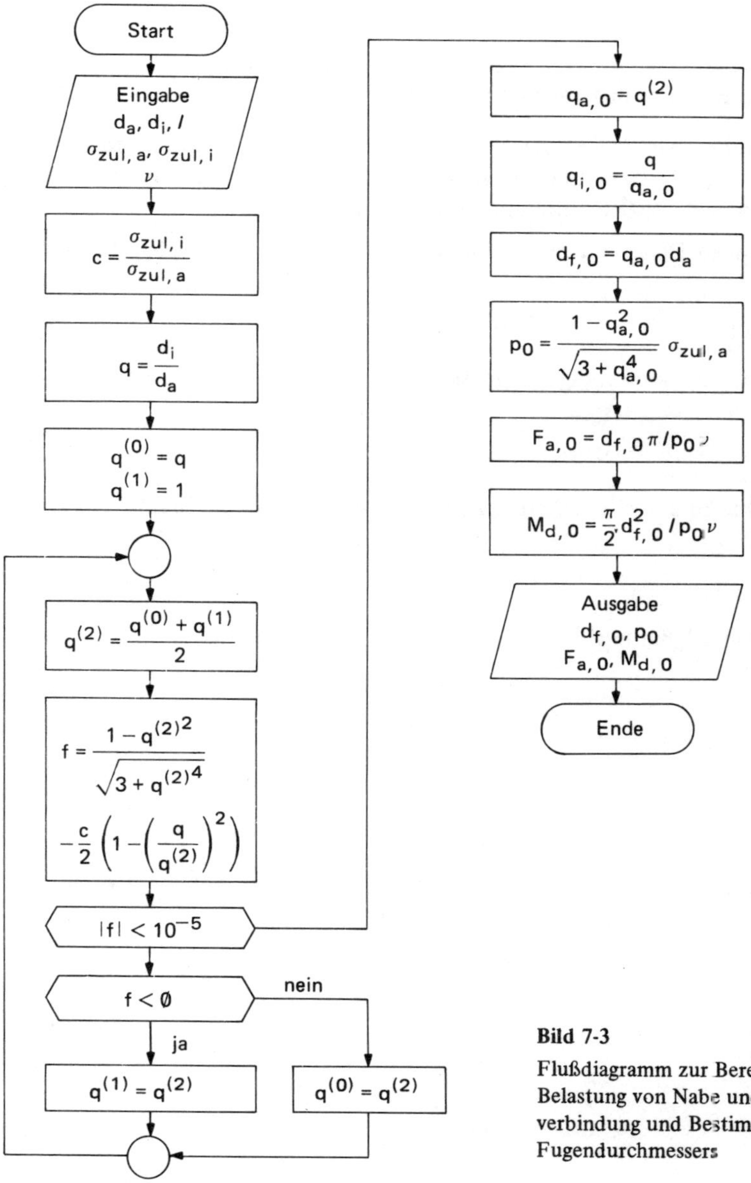


**Bild 7-3**

**Flußdiagramm zur Berechnung anteiliger Belastung von Nabe und Welle bei einer Preßverbindung und Bestimmung des optimalen Fugendurchmessers**

Abschließend bestimmen sich die übertragbaren Parameter Axialkraft und Drehmoment aus den Gleichungen

$$F_{a,0} = d_{f,0}\,\pi\, l\, p\, \nu \tag{7.15}$$

und

$$M_{d,0} = d_{f,0}^2\,\frac{\pi}{2}\, l\, p\, \nu. \tag{7.16}$$

Bild 7-3 zeigt im Flußdiagramm einen Algorithmus, der sowohl das Optimum bestimmt als auch die Verhältnisse einer abweichenden Lösung.

## 7.2 Klemmverbindungen mit radialen Wirkflächen

Die zu einer reibschlüssigen Welle-Nabe-Verbindung führenden äußeren Normalkräfte, werden zum größten Teil durch Schrauben, Keile oder die Bauteilform selbst aufgebracht. Nach Bild 7-4 unterscheiden wir geteilte und geschlitzte Naben.

Einem zu übertragenden Drehmoment T muß ein mindestens gleich großes Reibmoment gegenüberstehen

$$M_r = d\,F_n\,\mu \geqslant T \tag{7.17}$$

Folglich bestimmt sich die notwendige Anpreßkraft aus

$$F_n = \frac{T}{d\mu} \tag{7.18}$$

Die durch die einzelne Schraube aufzubringende Klemmkraft ist für die geteilte Nabe

$$F_k = \frac{F_n}{2} \tag{7.19}$$

und für die geschlitzte Ausführung

$$F_k = \frac{l_2}{l_1}\,F_n \tag{7.20}$$

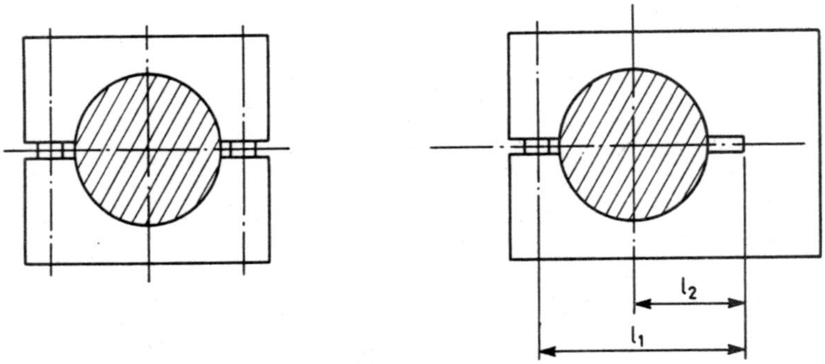


**Bild 7-4** Radiale Klemmverbindungen

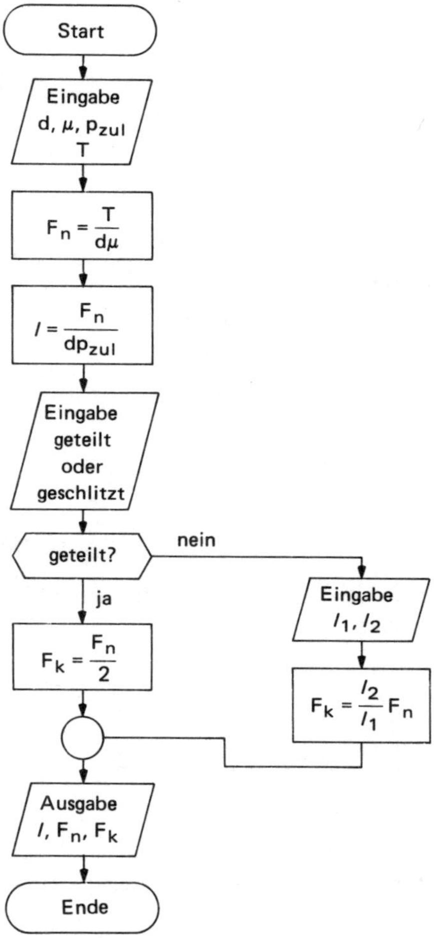


**Bild 7-5**

Flußdiagramm zur Berechnung einer radialen Klemmverbindung

Außerdem folgt unter der idealisierten Annahme, daß eine gleichmäßige Belastung über der gesamten Reibfläche erfolgt und bei Berücksichtigung der zulässigen Flächenpressung des verwendeten Werkstoffes, die die Reibfläche bestimmende Klemmlänge

$$l_k = \frac{F_n}{d\,p_{zul}} \tag{7.21}$$

Bild 7-5 zeigt den möglichen Berechnungsalgorithmus.

## 7.3 Keilverbindungen

Bei Keilverbindungen wird die erforderliche Klemmkraft durch Eintreiben des Keils erzeugt. Also durch elastische Verformung von Welle und Nabe, weniger der des Keils.

Beim Eintreiben treten die unter Bild 7-6 dargestellten Kräfte auf. Der Reibungswinkel $\rho$ bestimmt sich aus der Beziehung

$$\tan\rho = \mu. \tag{7.22}$$

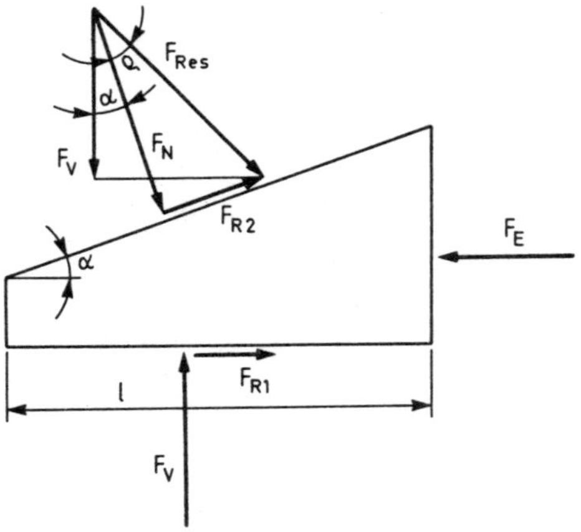


**Bild 7-6**

Kräfte am eingetriebenen Keil

Aus der Gleichgewichtsbedingung der Kräfte folgt

$$F_V \tan(\alpha + \rho) + F_{R_1} = F_E \tag{7.23}$$

Darin ist $F_V$ die Vorspannkraft, $F_{R_1}$ die Reibungskraft an der geraden Keilfläche und $F_E$ die Eintreibkraft. Umgestellt ist damit die Vorspannkraft

$$F_V = \frac{F_E}{\tan(\alpha + \rho) + \tan\rho} \,. \tag{7.24}$$

Beim Austreiben kehrt sich das Vorzeichen des Reibungswinkels um. Folglich ist die Lösekraft für den Keil

$$F_L = F_V(\tan(\alpha - \rho) - \tan\rho) \tag{7.25}$$

Mit der errechneten Vorspannkraft bestimmt sich nach Bild 7-7 das übertragende Drehmoment

$$T = \mu F_V (D - t_1) \tag{7.26}$$

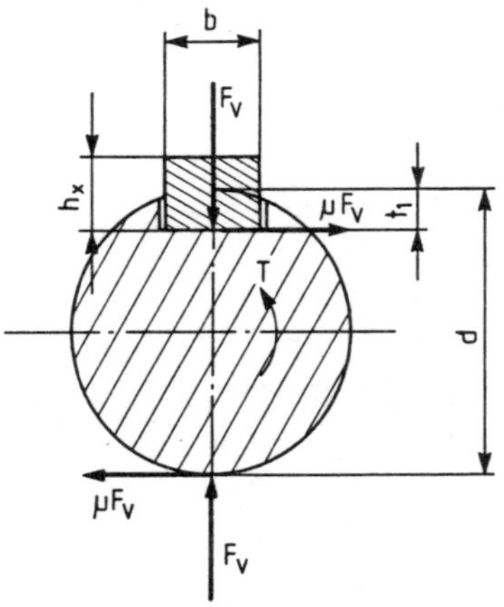


**Bild 7-7**

Drehmomentübertragung am Keil

Natürlich darf die Flächenpressung in der Auflagefläche den zulässigen Wert nicht überschreiten. Eine Nachrechnung ist also erforderlich

$$p_{vorh} = \frac{F_V}{l b} \qquad (7.27)$$

Abschließend wiederum der Berechnungsalgorithmus als Flußdiagramm.

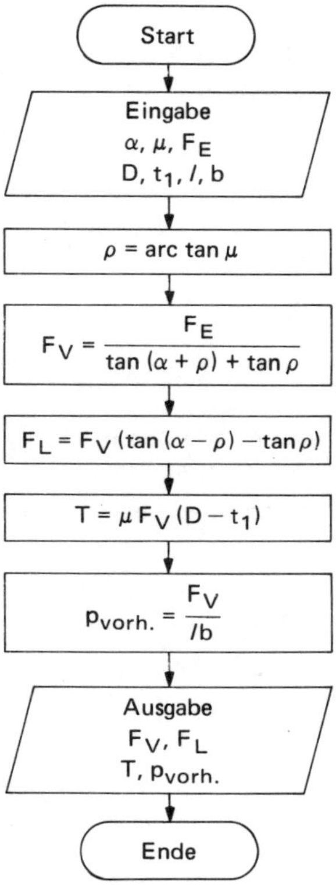


**Bild 7-8**

Flußdiagramm zur Bestimmung des übertragbaren Drehmomentes einer Keilverbindung

# 8 Antriebselemente

## 8.1 Ermittlung der Zahnflankentragfähigkeit geradverzahnter Stirnräder

Die Grundlage dieser Nachrechnung ist die Theorie der Hertzschen Pressung. Danach bestimmt sich die Oberflächenspannung zweier sich berührender Flächen nach Bild 8-1 aus der Gleichung

$$\sigma = \sqrt{\frac{F E}{\pi (1 - \nu^2)\, 2\, r b}} . \tag{8.1}$$

In dieser Gleichung ist

$$\frac{1}{r} = \frac{1}{r_1} + \frac{1}{r_2} = \frac{r_1 + r_2}{r_1 r_2} \tag{8.2}$$

die relative Krümmung der Verzahnung. Diese Ableitung gilt näherungsweise bei ruhig beanspruchten Walzen und bei Druckspannungen unterhalb der Proportionalitätsgrenze. Die Hertzsche Pressung erfaßt die wirkliche Beanspruchung der Zahnräder also nur annähernd.

Angewandt auf den Eingriff eines Zahnradpaares bedeutet dies nun, daß im Berührungspunkt auf dem Betriebswälzkreis mit dem Radius $r_b$ nach Bild 8-2 die Evolventen durch die Radien $r_1$ und $r_2$ angenähert werden. Bei der Annahme von Spielfreiheit auf den Betriebswälzkreisen muß die Summe der Zahndicken gleich der Teilung auf den Betriebswälzkreisen sein

$$s_{b,1} + s_{b,2} = t_b . \tag{8.3}$$

Die Zahndicke auf dem Betriebswälzkreis bestimmt sich aus

$$s_{b,i} = 2\, r_{b,i} \left[ \frac{1}{z_i} \left( \frac{\pi}{2} + 2\, x_i \tan\alpha \right) - (\mathrm{ev}\,\alpha_w - \mathrm{ev}\,\alpha) \right] . \quad i = 1, 2 \tag{8.4}$$

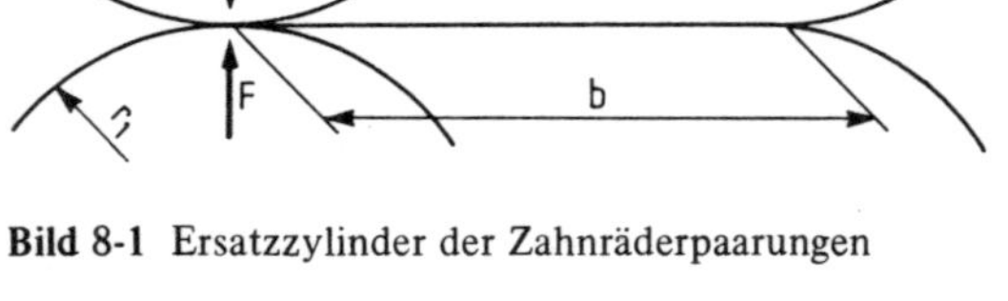


**Bild 8-1** Ersatzzylinder der Zahnräderpaarungen

**Bild 8-2** Die Krümmungsradien eines Eingriffspunktes

Aus den Gleichungen (8.3) und (8.4) folgt durch Umstellung

$$\mathrm{ev}\,\alpha_w = 2\frac{x_1 + x_2}{z_1 + z_2}\tan\alpha + \mathrm{ev}\,\alpha \tag{8.5}$$

Damit ist der Radius des Betriebswälzkreises

$$r_{b,i} = r_{0,i}\frac{\cos\alpha_w}{\cos\alpha}, \quad i = 1, 2 \tag{8.6}$$

Als Nebenprodukt fällt damit auch der Achsabstand ab

$$a = (r_{0,1} + r_{0,2})\frac{\cos\alpha}{\cos\alpha_w}. \tag{8.7}$$

Nach Bild 8-2 setzt man die Näherungsradien

$$r_i = r_{0,i}\sin\alpha_w, \quad i = 1, 2 \tag{8.8}$$

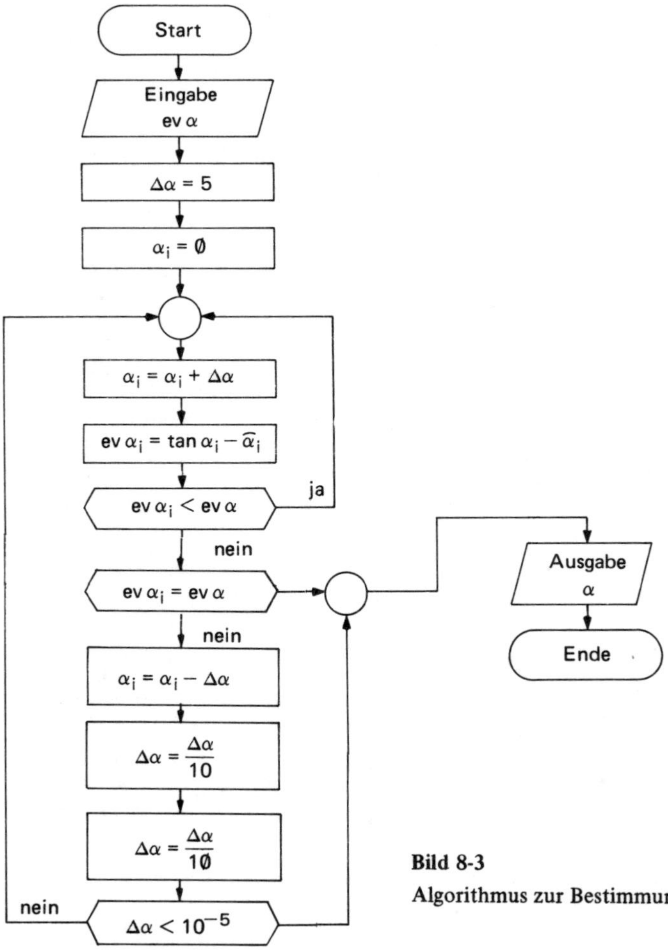


**Bild 8-3**
**Algorithmus zur Bestimmung von $\alpha$ aus ev $\alpha$**

Mit Hilfe üblicher Funktionstabellen läßt sich aus ev $\alpha$ nach Gleichung (8.5) dann $\alpha$ bestimmen. Aber nicht immer ist eine Funktionstabelle zur Hand. Mit einer einfachen Iterationsschleife kann dies auch erfolgen. Bild 8-3 zeigt den Berechnungsalgorithmus. Danach zeigt Bild 8-4 den Algorithmus zur Ermittlung der Flankenbelastung geradverzahnter Stirnräder.

Bei Getrieben mit unterschiedlichen Werkstoffpaarungen gibt man einen gemeinsamen E-Modul ein nach

$$E = \frac{2\,E_1\,E_2}{E_1 + E_2}. \qquad (8.9)$$

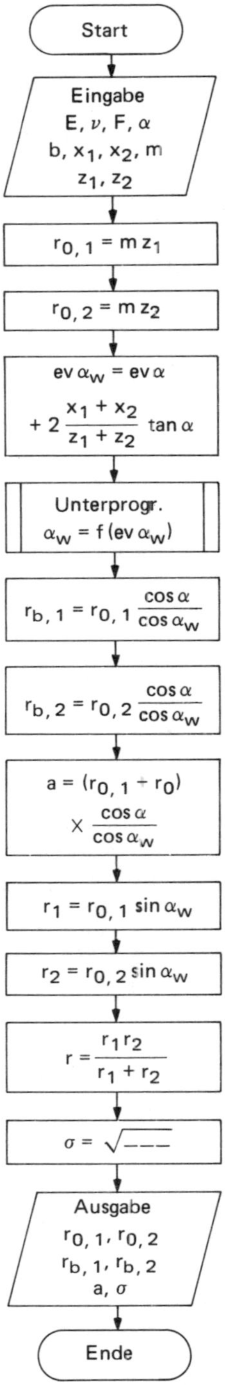


**Bild 8-4**

Algorithmus zur Ermittlung der Flankenbelastung geradverzahnter Stirnräder

## 8.2 Bestimmung der Lagerreaktionen beim Schneckengetriebe und Nachrechnung der Vergleichsspannung der Schneckenwelle

Die zwischen Schnecke und Schneckenrad eines Schneckengetriebes wirkenden Kräfte lassen sich nach Bild 8-5 bezogen auf ein räumliches Koordinatensystem mit drei Komponenten ausdrücken. Wir wollen diese Komponenten

$F_x$, $F_y$ und $F_z$

als gegeben voraussetzen. Sie bestimmen sich aus Festigkeitsnachweisen und Konstruktionsmerkmalen, die wir als gegeben annehmen. Aus der Gleichgewichtsbedingung für die Schneckenwelle folgt

$$F_{1,y} = \frac{F_y}{2} - \frac{r_1}{x} F_x \tag{8.10}$$

$$F_{1,z} = \frac{F_z}{2} \tag{8.11}$$

$$F_{2,x} = F_x \tag{8.12}$$

$$F_{2,y} = \frac{F_y}{2} + \frac{r_1}{x} F_x \tag{8.13}$$

$$F_{2,z} = \frac{F_z}{2} \tag{8.14}$$

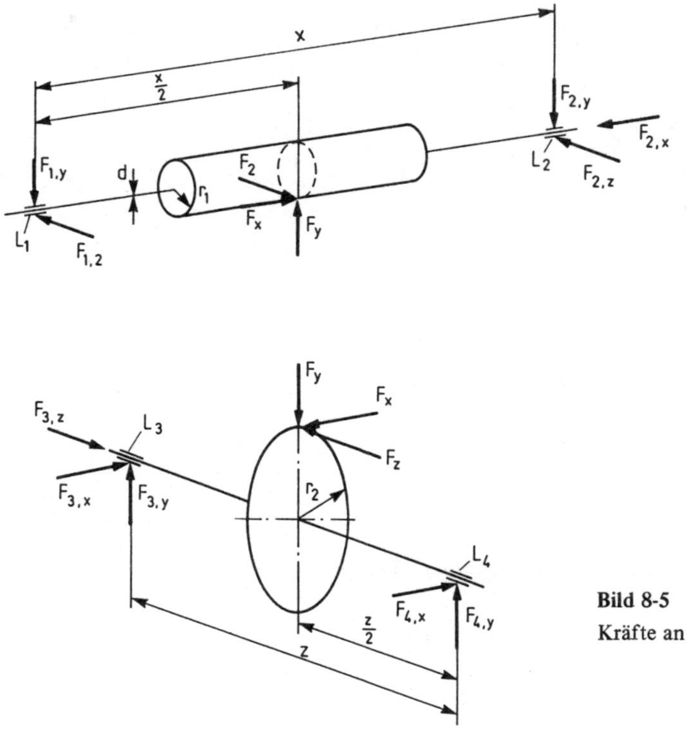


**Bild 8-5**
Kräfte an Schnecke und Schneckenrad

und für die Schneckenradwelle

$$F_{3,x} = \frac{F_x}{2} \tag{8.15}$$

$$F_{3,y} = \frac{F_y}{2} + \frac{r_2}{z} F_z \tag{8.16}$$

$$F_{3,z} = F_z \tag{8.17}$$

$$F_{4,x} = \frac{F_x}{2} \tag{8.18}$$

$$F_{4,y} = \frac{F_y}{2} - \frac{r_2}{z} F_z \tag{8.19}$$

Die Axialkräfte $F_{2,x}$ und $F_{3,z}$ müssen durch ein spezielles Axiallager aufgefangen werden. Da sie gleich der Komponenten $F_x$ und $F_z$ sind, finden sie bei unserer weiteren Betrachtung keine Verwendung. Für die Radiallager $L_1 \ldots L_4$ bestimmt sich die resultierende Lagerkraft allgemein bei zwei Komponenten $F_1$ und $F_2$ aus

$$F_R = \sqrt{F_1^2 + F_2^2}\,. \tag{8.20}$$

Bei Eingabe der Kraftkomponenten muß die Richtung (d.h. das Vorzeichen) Beachtung finden. Die Biegespannung der Schneckenwelle bestimmt sich nach der Grundgleichung

$$\sigma_b = \frac{M_b}{W} \tag{8.21}$$

durch Einsetzen der vorhandenen Größen. Das Biegemoment in der x-y-Ebene ist maximal

$$M_{bz} = \frac{x}{4} F_y + \frac{r_1}{z} F_x \tag{8.22}$$

und das in der x-z-Ebene

$$M_{by} = \frac{x}{4} F_z \tag{8.23}$$

Daraus bestimmt sich ein resultierendes Biegemoment von

$$M_{bR} = \sqrt{M_{bz}^2 + M_{by}^2}\,. \tag{8.24}$$

Das Widerstandsmoment einer Vollwelle ist

$$W = \frac{\pi}{32} d^3 \tag{8.25}$$

Zusätzlich tritt durch die Axiallager eine Zug- bzw. Druckspannung auf. Sie ist

$$\sigma_{z/a} = \frac{F_x}{\frac{\pi}{4} d^2} \tag{8.26}$$

Bleibt als dritte Belastungsart noch eine Torsionsspannung von

$$\tau_t = \frac{T}{W_p}. \tag{8.27}$$

Das Torsionsmoment darin hat die Größe

$$T = F_z r_1 \tag{8.28}$$

und das polare Widerstandsmoment der Welle ist

$$W_p = \frac{\pi}{16} d^3 \tag{8.29}$$

Nach der Gestaltänderungshypothese bestimmt sich für die drei Belastungsarten eine Vergleichsspannung

$$\sigma_v = \sqrt{(\sigma_b + \sigma_{z/d})^2 + 2\tau_t^2}. \tag{8.30}$$

Mit dem Massenträgheitsmoment der Schneckenwelle von

$$I = \frac{\pi}{64} d^4 \tag{8.31}$$

ergibt sich abschließend deren maximale Durchbiegung mit den Anteilen der Ebenen

$$f_y = \frac{F_y x^3}{48 EI} \tag{8.32}$$

und

$$f_z = \frac{F_z x^3}{48 EI} \tag{8.33}$$

aus

$$f_R = \sqrt{f_y^2 + f_z^2}. \tag{8.34}$$

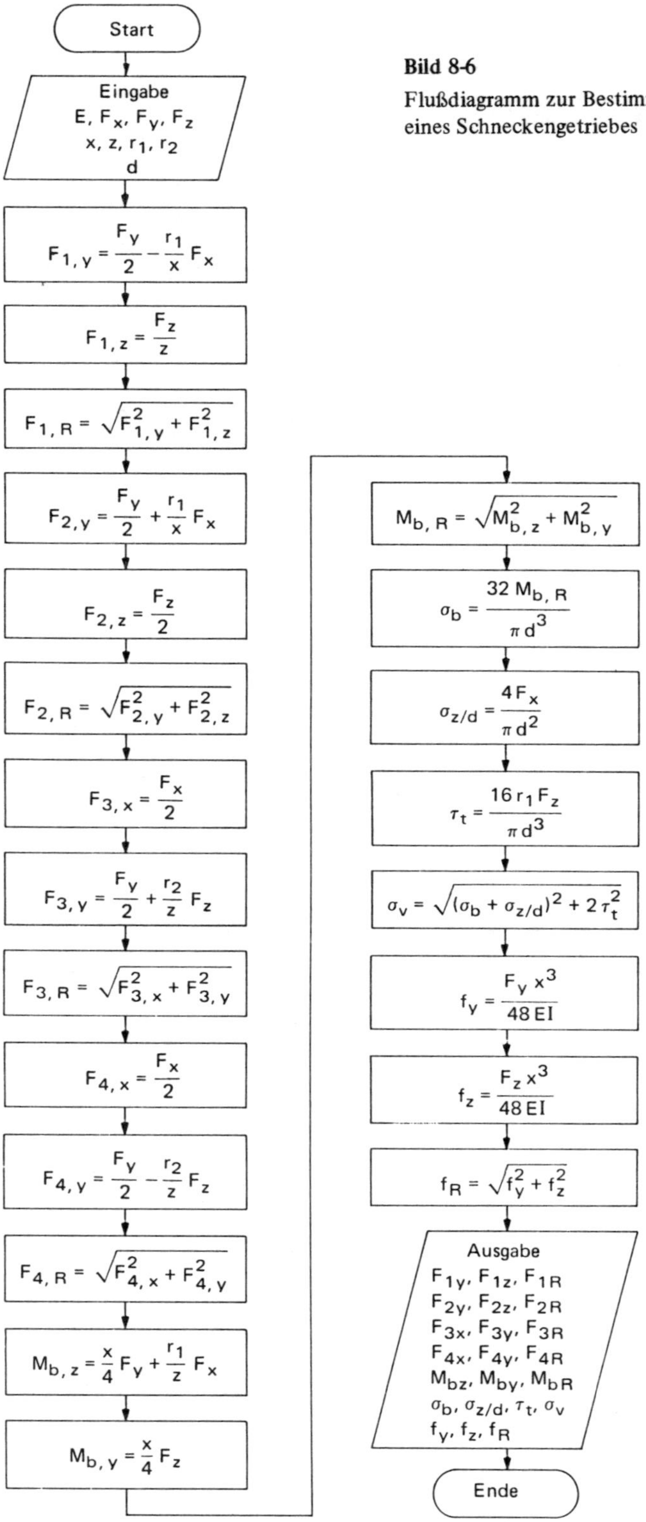


**Bild 8-6**

Flußdiagramm zur Bestimmung der Lagerbelastung eines Schneckengetriebes

## 8.3 Ermittlung der Getriebeabmessungen für ein Schraubradgetriebe

Ein Schraubradgetriebe besteht aus Schrägstirnrädern mit unterschiedlichen Schrägungswinkeln. Die Übersetzung kann nicht direkt durch die Teilkreisdurchmesser, Bild 8-7, sondern nur durch Drehzahlen und Zähnezahlen ausgedrückt werden

$$i = \frac{n_1}{n_2} = \frac{z_2}{z_1} \qquad (8.35)$$

über die Teilkreisdurchmesser besteht die Beziehung

$$i = \frac{d_{0,2} \cos\beta_2}{d_{0,1} \cos\beta_1} \qquad (8.36)$$

Darin sind $\beta_1$ und $\beta_2$ die Schrägungswinkel der Zähne. Ihre Summe bildet den Achsenwinkel

$$\Sigma = \beta_1 + \beta_2 \qquad (8.37)$$

Die Praxis hat gezeigt, daß $\beta_1$ immer etwa größer sein soll als $\beta_2$. Man setzt daher

$$\beta_1 = \frac{\delta + 5^\circ}{2} \qquad (8.38)$$

Zur Bestimmung des Teilkreisdurchmessers des treibenden Rades gibt es die Näherungsformel

$$d_{0,1} \approx y\, a_0 \qquad (8.39)$$

wobei sich der Faktor y als Funktion von i aus einer Tabelle bestimmt. Nun kann man eine solche Tabelle als Datenliste programmieren. In diesem Fall reichen angenäherten Werte aus. In der Tat liefert die einfache Funktion

$$y = \frac{1}{\sqrt{i}}. \qquad (8.40)$$

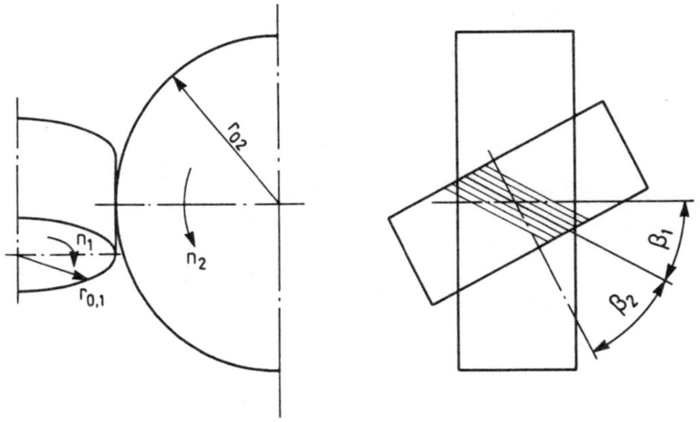


**Bild 8-7**
Schraubradgetriebe

Die Werte für den zulässigen Übersetzungsbereich zeigt nachfolgende Tabelle. Für eine angenäherte Berechnung sind diese Werte ausreichend.

| i | 1 | 2 | 3 | 4 | 5 |
|---|---|---|---|---|---|
| $\frac{1}{\sqrt{i}}$ | 1 | 0.7 | 0.57 | 0.5 | 0.45 |

Manchmal kann eine einfache Funktion den Einsatz eines Interpolations- oder Approximations-Verfahrens ersetzen.

Damit ist dann auch der Schrägungswinkel für das getriebene Rad

$$\beta_2 = \arctan\left[\left(\frac{2\,a_0}{d_{0,1}} - 1\right)\frac{1}{i \sin\Sigma} - \frac{1}{\tan\Sigma}\right] \tag{8.41}$$

Der endgültige Teilkreisdurchmesser des treibenden Rades ist

$$d_{0,1} = \frac{m_n z_1}{\cos\beta_1} \tag{8.42}$$

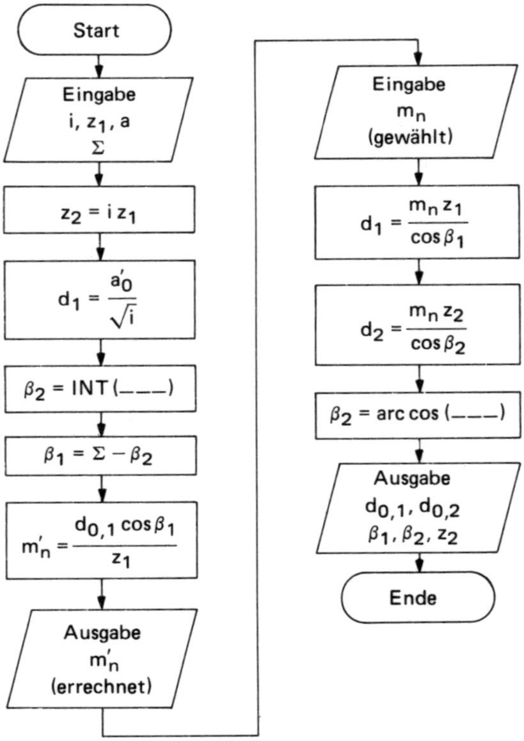


**Bild 8-8** Flußdiagramm zur Bestimmung der Getriebeabmessungen für ein Schraubradgetriebe

## 8.4 Veränderung des Einbauspiels bei hydrodynamisch geschmierten Radialgleitlagern durch Erwärmung

Für einen Konstrukteur ist es sicherlich von Nutzen, wenn er die bei der Konstruktion festgelegten Toleranzfelder unter dem Gesichtspunkt der betrieblichen Nutzung betrachten kann. Bei einem Radialgleitlager können durch das Einpressen von Lagerschalen bereits Abweichungen zum vorgegebenen Toleranzfeld auftreten. Ein weiterer wichtiger Einfluß ist die betriebliche Erwärmung des Lagers.

Es sei konstruktiv eine Passung nach Bild 8-9 gegeben, mit tatsächlichen erreichten Istmaßen innerhalb der Toleranzfelder bei der Fertigung. Der Index E kennzeichnet die Einbaumaße und der Index B den Betriebszustand unter Erwärmung. Das vorhandene Einbauspiel $s_E$ verändert sich im Betriebszustand zum Lagerspiel $s_B$. Diese Veränderung resultiert aus der unterschiedlichen Wärmedehnung der Bauteile

$$\Delta s = s_E - s_B = \Delta d_w - \Delta d_L \tag{8.43}$$

Nach einer Gleichung von Gersdorfer [13] läßt sich die Spieländerung hinreichend genau berechnen mit

$$\Delta s = d\left(\alpha_w \Delta\vartheta_w - \frac{A_L E_L \alpha_L \Delta\vartheta_L + A_G E_G \alpha_G \Delta\vartheta_G}{A_L E_L + A_G E_G}\right) \tag{8.44}$$

Darin steht der Index G für das Lagergehäuse. A ist die effektive Querschnittsfläche, E der E-Modul, $\alpha$ der Wärmedehnungskoeffizient und $\Delta\vartheta$ die Temperaturänderung des Bauteils.

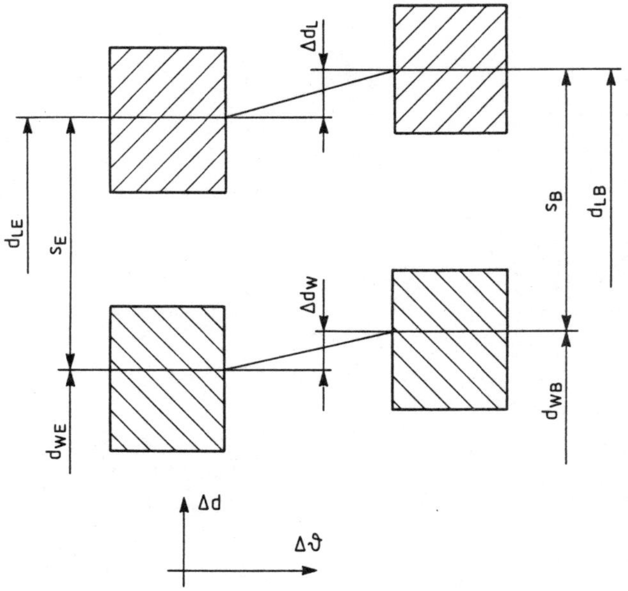


**Bild 8-9** Toleranzfeldänderungen durch Wärmedehnung

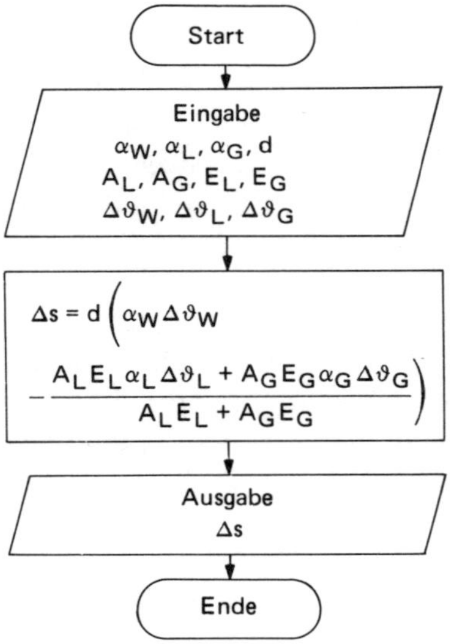


**Bild 8-10**
Flußdiagramm zur Bestimmung der Toleranzfeldänderung durch Wärmedehnung

## 8.5 Berechnung von Flachriemenlängen

Der erste Schritt zur Auslegung eines Flachriementriebes ist die Bestimmung der notwendigen Riemenlänge. Dabei sollen unterschiedliche Riemenanordnungen berechenbar sein. Sowohl offene Getriebe nach Bild 8-11 als auch Getriebe mit Umlenkrollen nach Bild 8-12 für eine Drehrichtungsumkehr.

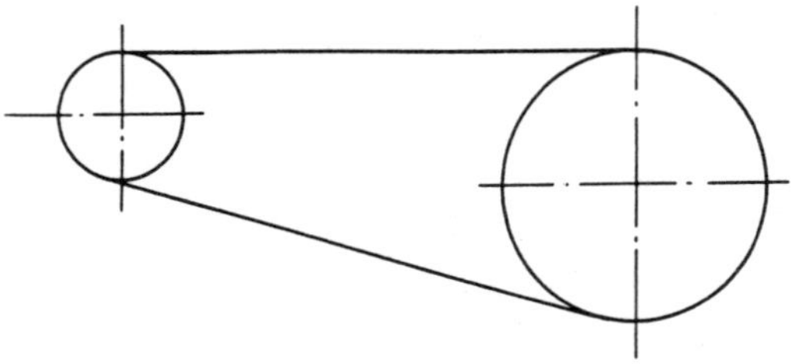

**Bild 8-11**
Offenes Riemengetriebe

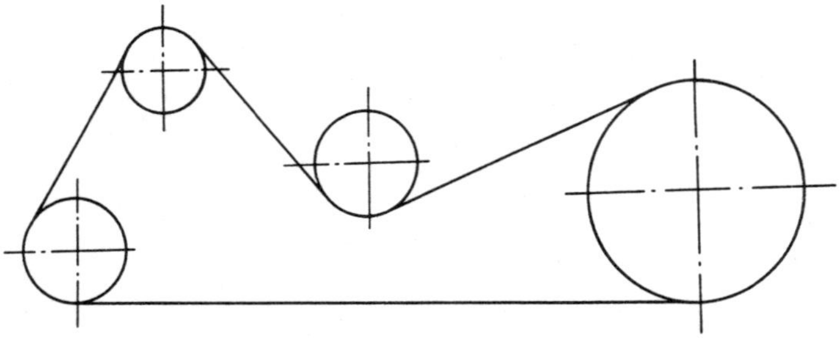

**Bild 8-12**
Getriebe mit Umlenkrolle

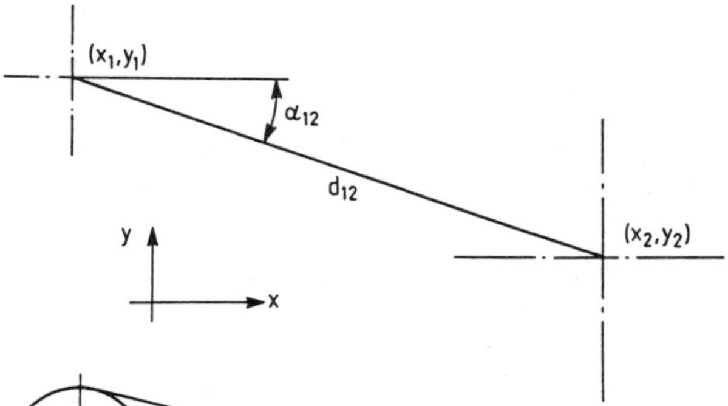


**Bild 8-13**
Lage der Achsen

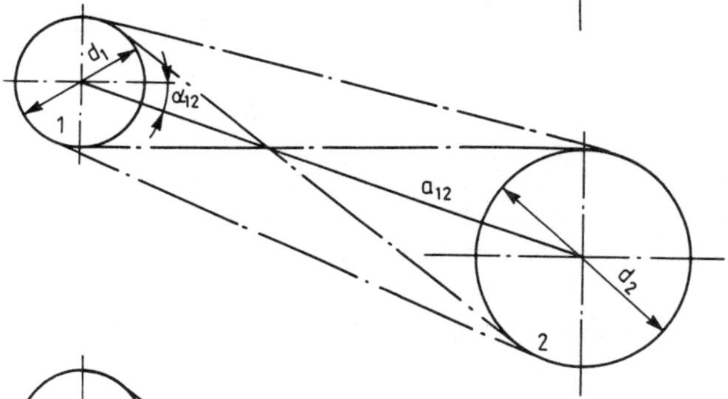


**Bild 8-14**
Anordnung der Riemenscheiben

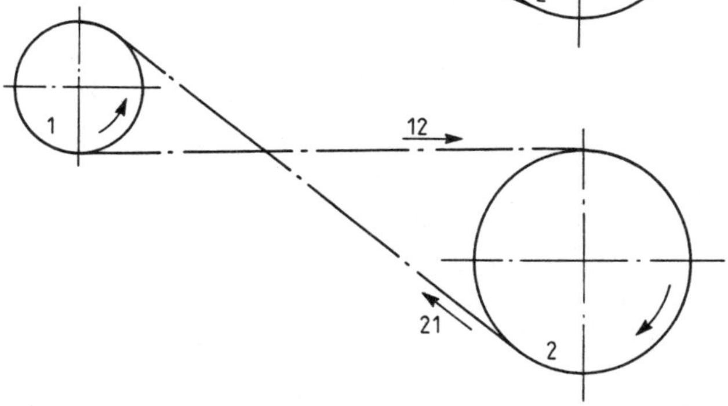


**Bild 8-15**
Drehrichtungen der Riemenscheiben

Wir wollen nachfolgend einen Algorithmus entwickeln, der die Riemenlänge einer beliebigen Achsenanordnung ermittelt. Zunächst sei nach Bild 8-13 die Lage zweier Achsen gegeben. Wir kennzeichnen die Lage durch die Angabe der Koordinaten. Damit ergeben sich bereits folgende mathematische Beziehungen

$$\tan \alpha_{12} = \frac{y_2 - y_1}{x_2 - x_1} \qquad (8.45)$$

und

$$a = \sqrt{(y_2 - y_1)^2 + (x_2 - x_1)^2} \qquad (8.46)$$

Durch Einführung der Scheibendurchmesser nach Bild 8-14 beschränken wir die Lage des Riemenverlaufs auf 4 Möglichkeiten und die mögliche Riemenlänge auf 2 Möglichkeiten. Durch die Einführung der Drehrichtungen der Scheiben nach Bild 8-15 schränken wir die Möglichkeiten weiter ein. Nun ist nur noch eine Riemenlänge möglich, aber immer noch zwei mögliche Lagen. Erst durch Vorgabe der Riemen-Bewegungsrichtung wird eine Eindeutigkeit erzielt.

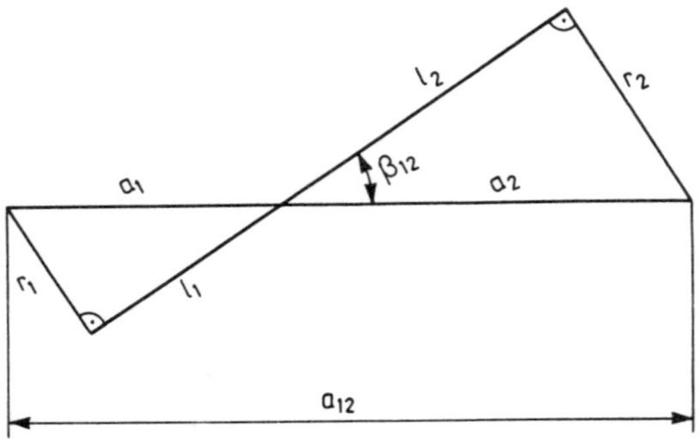


**Bild 8-16**
Bestimmung einer Riemenlänge

Nun bleibt uns noch die Erarbeitung der mathematischen Grundlagen. Die Vorgabe der Riemen-Bewegungsrichtung kann entfallen, da durch die Reihenfolge der Angaben, erst Achse 1 dann Achse 2, diese Richtung bereits vorgeschrieben werden kann. Nach Bild 8-12 gibt es zwei Riemenlängen zu bestimmen. Betrachten wir zunächst in Bild 8-16 eine mögliche Form. Sie schneidet die Achsen-Verbindungslinie und wir erhalten zwei gleiche Dreiecksformen. Dabei gilt

$$\sin\beta_{12} = \frac{r_1}{a_1} = \frac{r_2}{a_2} \tag{8.47}$$

und

$$a_{12} = a_1 + a_2 . \tag{8.48}$$

Damit ist dann

$$a_{12} = \frac{r_1 + r_2}{\sin\beta_{12}} \tag{8.49}$$

$$\sin\beta_{12} = \frac{r_1 + r_2}{a_{12}} \tag{8.50}$$

Für die Riemenlänge folgt

$$l_{12} = a_{12} \cos\beta_{12} \tag{8.51}$$

Die zweite mögliche Riemenlänge ergibt sich nach Bild 8-17 mit

$$\sin\beta_{12} = \frac{r_2 - r_1}{a_{12}} \tag{8.52}$$

aus

$$l_{12} = a_{12} \cos\beta_{12} \tag{8.53}$$

Welche Riemenlänge jeweils zum Tragen kommt läßt sich durch die Angabe der Drehrichtungen beider Scheiben sofort bestimmen. Bei gleicher Drehrichtung ist die Riemenlänge nach Bild 8-17 und bei ungleicher Drehrichtung nach Bild 8-16 anzusetzen.

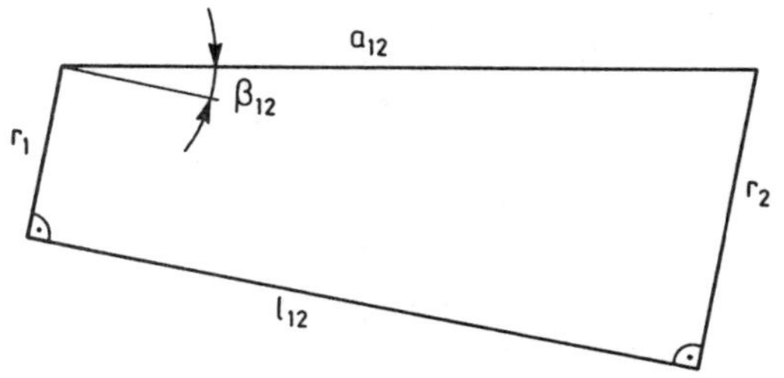


**Bild 8-17**
Bestimmung einer Riemenlänge

Um die umschlingende Riemenlänge berechnen zu können muß nun noch der Übergangswinkel zwischen freiem und umschlingenden Riementeil bestimmt werden. Nach Bild 8-18 orientiert sich dieser zunächst an der Verbindungslinie der beiden Achsen. Außerdem sind die Drehrichtungen der Achsen entscheident. Für die erste Achse ist

$$\varphi = \alpha \pm (90^\circ \pm \beta) \tag{8.54}$$

und für die zweite Achse

$$\varphi = 180^\circ + \alpha \pm (90^\circ \pm \beta) \tag{8.55}$$

Nach Bild 8-18 folgt für den umschlingenden Riementeil in Abhängigkeit von der Drehrichtung und der Lage der Winkel

$$l_b = (\widehat{\varphi}_1 - \widehat{\varphi}_2)\ r \text{ bzw. } = (2\pi - (\varphi_1 - \varphi_2))\ r \tag{8.56}$$

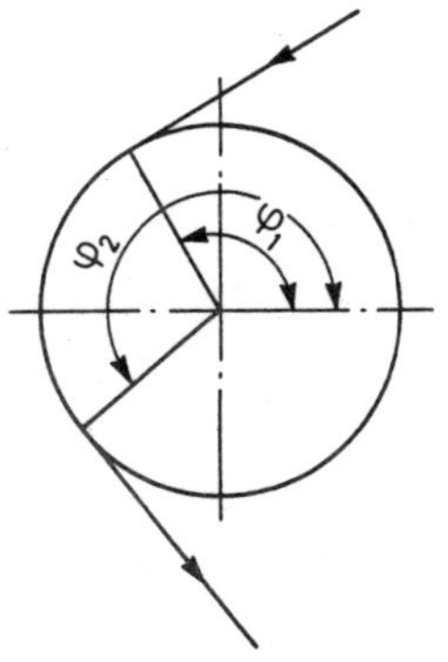


**Bild 8-18**
Umschlingender Riementeil

Damit kann der Berechnungsalgorithmus zusammengestellt werden. Bild 8-19 zeigt das zugehörige Flußdiagramm.

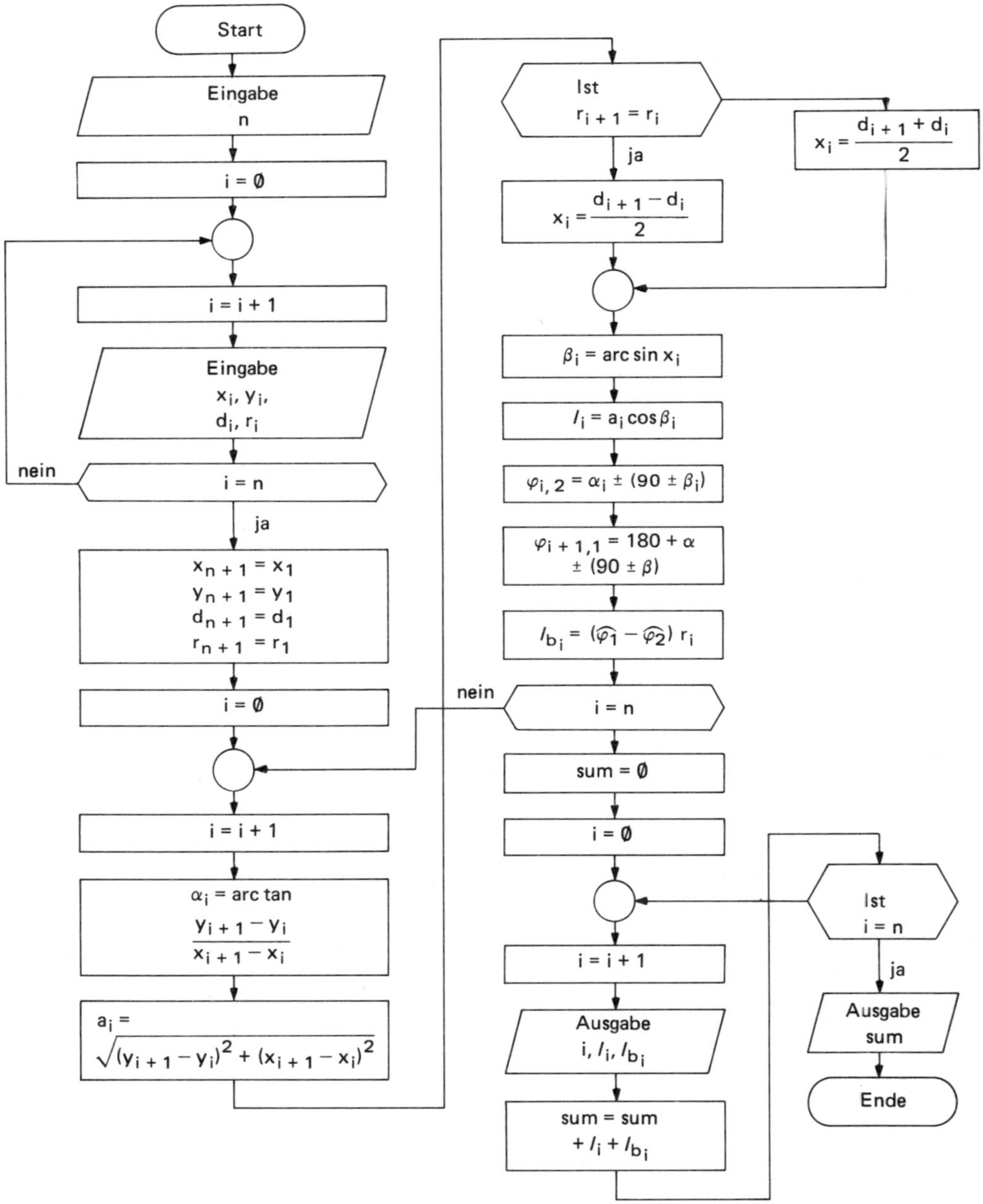


**Bild 8-19** Flußdiagramm zur Bestimmung beliebiger Flachriemenlängen

# 9 Anhang: Programmlistings für den Apple II

# 9 Anhang: Programmlistings für den Apple II

## 1-1 Gewichtsberechnung

```
10 REM PRG1-1
20 REM 1.12.84 Harald Nahrstedt
30 REM Programmsystem : Maschinenelemente
40 REM Programm : Gewichtsberechnung
50 REM Level : Grundlegender Programmaufbau
60 REM ----------< Startkonstante >----------
70 D=7.85
80 I=1
90 REM ----------< Verteiler >----------
100 HOME
110 INPUT "Vorgang (A/B/C/D/E/I/N/S) : ";V$
120 IF V$="A" THEN 220
130 IF V$="B" THEN 320
140 IF V$="C" THEN 440
150 IF V$="D" THEN 540
160 IF V$="E" THEN END
170 IF V$="I" THEN 570
180 IF V$="N" THEN 600
190 IF V$="S" THEN 650
200 PRINT "Eingabe fehlerhaft !"
210 GOTO 110
220 REM ----------< Rechteckplatte >----------
230 INPUT "Länge = ";L
240 INPUT "Breite = ";B
250 INPUT "Höhe = ";H
260 INPUT "Anzahl = ";N
270 V=L*B*H/1E+06
280 G=V*D
290 PRINT "Gewicht = ";G;" / ";G*N
300 G(I)=G(I)+G
310 GOTO 110
320 REM ----------< Dreieckplatte >----------
330 INPUT "Seite a = ";A
340 INPUT "Seite b = ";B
350 INPUT "Seite c = ";C
360 INPUT "Höhe = ";H
370 INPUT "Anzahl = ";N
```

```
380 S=(A+B+C)/2
390 V=SQR(S*(S-A)*(S-B)*(S-C))/1E+06
400 G=V*D
410 PRINT "Gewicht = ";G;" / ";G*N
420 G(I)=G(I)+G
430 GOTO 110
440 REM ----------< Hohlzylinder >----------
450 INPUT "Außendurchmesser = ";DA
460 INPUT "Innendurchmesser = ";DI
470 INPUT "Höhe = ";H
480 INPUT "Anzahl = ";N
490 V=(DA^2-DI^2)*3.14159/4*H/1E+06
500 G=V*D
510 PRINT "Gewicht = ";G;" / ";G*N
520 G(I)=G(I)+G
530 GOTO 110
540 REM ----------< Dichteanwahl >----------
550 INPUT "Dichte = ";D
560 GOTO 110
570 REM ----------< Summenindexanwahl >----------
580 INPUT "Summenindex = ";I
590 GOTO 110
600 REM ----------< Nullsetzung aller Summen >----------
610 FOR J=1 TO 9
620    G(J)=0
630 NEXT J
640 GOTO 110
650 REM ----------< Summenaddition >----------
660 SUM=0
670 INPUT "Speicherindex = ";I
680 IF I=0 THEN 110
690 PRINT I;"-te Summe = ";G(I)
700 SUM=SUM+G(I)
710 PRINT "Gesamtsumme = ";SUM
720 GOTO 670
```

## 1-2 Gewichtsberechnung

```
10 REM PRG1-2
20 REM 1.12.84 Harald Nahrstedt
30 REM Programmsystem : Maschinenelemente
40 REM Programm : Gewichtsberechnung
50 REM Level : Dialogorientierter Programmaufbau
60 GOTO 320
70 REM ----------< Anzeige nach oben rollen >---------
80 FOR I=1 TO 7
90    ZEILE$(I)=ZEILE$(I+1)
100 NEXT I
110 ZEILE$(8)="                                                      "
120 FOR I=1 TO 8
130    VTAB 8+I:HTAB 1
140    PRINT ZEILE$(I)
150 NEXT I
160 RETURN
170 REM ----------< Endezeichen >----------
180 ZEILE$(8)="                         - * -                        "
190 GOSUB 70
200 GOTO 520
210 REM ----------< Zahlennormierung >----------
220 WERT#=VAL(WERT$)
230 WERT1=INT(WERT#)
240 WERT2=WERT#-WERT1
250 WERT2=WERT2+5*10^-(NACH+1)
260 IF WERT2>1 THEN WERT1=WERT1+1:WERT2=WERT2-1
270 WERT2=INT(WERT2*10^NACH)/10^NACH
280 L$=RIGHT$("          "+STR$(WERT1),VOR)
290 R$=LEFT$(MID$(STR$(WERT2),3,LEN(STR$(WERT2))-2)+"000000",NACH)
300 WERT$=L$+"."+R$
310 RETURN
320 REM ----------< Bildaufbau >----------
330 HOME
340 PRINT "MASCHINENELEMENTE - BASIC"
350 PRINT "GEWICHTE NACH FINITEN ELEMENTEN"
360 OPEN "R",#1,"ABLAGE",40
370 FIELD #1,40 AS TXT$
380 GET #1,1
390 CLOSE #1
400 VTAB 2:HTAB 40:PRINT TXT$
410 VTAB 4:HTAB 1
```

```
420 PRINT "-------------------------------------------------------------------------------"
430 PRINT " -te Summe :                                Speicher +  -te Summe :            "
440 PRINT " Lfd. Typ            M a ß e   in    mm            Anz.  Spez.  In-    Gewicht "
450 PRINT " Nr.  ABC      a        b        c        h      +/-   Gew.   dex        kg   "
460 PRINT "-------------------------------------------------------------------------------"
470 VTAB 17:HTAB 1
480 PRINT "-------------------------------------------------------------------------------"
490 REM ----------( Benutzer-Datei )-----
500 OPEN "R",#2,"GEWICHT",54
510 FIELD #2,1 AS FORM$,8 AS MA1$,8 AS MA2$,8 AS MA3$,8 AS MA4$,4 AS ANZ$,
          5 AS SGW$,1 AS IND$,11 AS GEW$
520 REM ----------( Verteiler )----------
530 VTAB 18:HTAB 1:PRINT "Vorgang : ?         "
540 VTAB 18:HTAB 11:GET V$
550 VTAB 18:HTAB 41:PRINT "                                   "
560 IF ASC(V$)=27 THEN RUN"MENUE"
570 IF V$="?" THEN 660
580 IF V$="E" THEN 780
590 IF V$="I" THEN 2220
600 IF V$="N" GOTO 720
610 IF V$="S" THEN 2300
620 IF V$="Z" THEN 2090
630 IF V$="D" GOTO 2410
640 VTAB 18:HTAB 41:PRINT "Eingabe fehlerhaft !                "
650 GOTO 530
660 REM ----------( Info )----------
670 VTAB 20:HTAB 1:PRINT "< E > Eingabe              < Z > Zeigen    "
680 PRINT "< D > Drucken             < I > Index-Summe zeigen  "
690 PRINT "< N > alle Summen = 0     < S > Summenaddition     "
700 PRINT "                                                    "
710 GOTO 520
720 REM ----------( Null setzen )----------
730 VTAB 18:HTAB 41:PRINT "Alle Summen sind auf Null gesetzt !    "
740 FOR I=1 TO 9
750    G(I)=0
760 NEXT I
770 GOTO 520
780 REM ----------( Eingabe )----------
790 IF SATZ=0 THEN SATZ=1
800 SATZ$=RIGHT$("     "+STR$(SATZ),5)
810 VTAB 16:HTAB 1:PRINT "_____"
820 VTAB 16:HTAB 1:GET A$
830 IF ASC(A$)=27 THEN MERKER=1:VTAB 16:HTAB 1:PRINT "     ":GOTO 170
840 IF ASC(A$)=8 THEN VTAB 16:HTAB 1:PRINT SATZ$:GOTO 820
850 IF ASC(A$)=9 OR ASC(A$)=21 GOTO 900
```

```
860 PRINT A$;
870 LINE INPUT B$
880 SATZ=VAL(A$+B$)
890 SATZ$=RIGHT$("     "+STR$(SATZ),5)
900 VTAB 16:HTAB 1:PRINT SATZ$
910 SATZ=VAL(SATZ$)
920 IF SATZ=0 GOTO 820
930 GET #2,SATZ
940 VTAB 16:HTAB 8 :PRINT "?"
950 VTAB 16:HTAB 8 :GET A$
960 IF ASC(A$)=27 THEN VTAB 16:HTAB 8 :PRINT " ":GOTO 810
970 IF ASC(A$)=8 THEN VTAB 16:HTAB 8 :PRINT FORM$:GOTO 950
980 IF ASC(A$)=9 OR ASC(A$)=21 GOTO 1020
990 IF A$="?" GOTO 1070
1000 PRINT A$
1010 LSET FORM$=A$
1020 VTAB 16:HTAB 8:PRINT FORM$
1030 IF FORM$="A" THEN 1120
1040 IF FORM$="B" THEN 1120
1050 IF FORM$="C" THEN 1120
1060 BEEP 5,30:GOTO 940
1070 VTAB 20:HTAB 53:PRINT "Finite Formen :          "
1080 VTAB 21:HTAB 53:PRINT "< A > Rechteckplatte     "
1090 VTAB 22:HTAB 53:PRINT "< B > Dreieckplatte      "
1100 VTAB 23:HTAB 53:PRINT "< C > Hohlzylinder       "
1110 GOTO 950
1120 REM ----------< Maßangaben >----------
1130 VTAB 16:HTAB 11:PRINT "_____.__"
1140 VTAB 16:HTAB 11:GET A$
1150 IF ASC(A$)=27 THEN VTAB 16:HTAB 11:PRINT "        ":GOTO 940
1160 IF ASC(A$)=8 THEN VTAB 16:HTAB 11:PRINT MA1$:GOTO 1140
1170 IF ASC(A$)=9 OR ASC(A$)=21 GOTO 1230
1180 PRINT A$;
1190 LINE INPUT B$
1200 WERT$=A$+B$
1210 VOR=5:NACH=2:GOSUB 210
1220 RSET MA1$=WERT$
1230 VTAB 16:HTAB 11:PRINT MA1$
1240 VTAB 16:HTAB 21:PRINT "_____.__"
1250 VTAB 16:HTAB 21:GET A$
1260 IF ASC(A$)=27 THEN VTAB 16:HTAB 21:PRINT "        ":GOTO 1130
1270 IF ASC(A$)=8 THEN VTAB 16:HTAB 21:PRINT MA2$:GOTO 1250
1280 IF ASC(A$)=9 OR ASC(A$)=21 GOTO 1340
1290 PRINT A$;
1300 LINE INPUT B$
1310 WERT$=A$+B$
```

```
1320 GOSUB 210
1330 RSET MA2$=WERT$
1340 VTAB 16:HTAB 21:PRINT MA2$
1350 IF FORM$="A" THEN LSET MA3$="        ":GOTO 1480
1360 IF FORM$="C" THEN LSET MA3$="        ":GOTO 1480
1370 VTAB 16:HTAB 31:PRINT "_____.__"
1380 VTAB 16:HTAB 31:GET A$
1390 IF ASC(A$)=27 THEN VTAB 16:HTAB 31:PRINT "        ":GOTO 1240
1400 IF ASC(A$)=8 THEN VTAB 16:HTAB 31:PRINT MA3$:GOTO 1380
1410 IF ASC(A$)=9 OR ASC(A$)=21 GOTO 1470
1420 PRINT A$;
1430 LINE INPUT B$
1440 WERT$=A$+B$
1450 GOSUB 210
1460 RSET MA3$=WERT$
1470 VTAB 16:HTAB 31:PRINT MA3$
1480 VTAB 16:HTAB 41:PRINT "_____.__"
1490 VTAB 16:HTAB 41:GET A$
1500 IF ASC(A$)=27 THEN VTAB 16:HTAB 41:PRINT "        ":GOTO 1370
1510 IF ASC(A$)=8 THEN VTAB 16:HTAB 41:PRINT MA4$:GOTO 1490
1520 IF ASC(A$)=9 OR ASC(A$)=21 THEN 1580
1530 PRINT A$;
1540 LINE INPUT B$
1550 WERT$=A$+B$
1560 GOSUB 210
1570 RSET MA4$=WERT$
1580 VTAB 16:HTAB 41:PRINT MA4$
1590 IF FORM$="A" THEN V=VAL(MA1$)*VAL(MA2$)*VAL(MA4$)/1E+06:GOTO 1640
1600 IF FORM$="C" THEN V=(VAL(MA1$)^2-VAL(MA2$)^2)*3.14159/4*VAL(MA4$)/1E+06:GOTO 1640
1610 MA1=VAL(MA1$):MA2=VAL(MA2$):MA3=VAL(MA3$)
1620 S=(MA1+MA2+MA3)/2
1630 V=SQR((S-MA1)*(S-MA2)*(S-MA3)*S)*VAL(MA4$)/1E+06
1640 REM ----------( Gewichtsberechnung )----------
1650 IF VAL(ANZ$)=0 THEN RSET ANZ$="   1"
1660 VTAB 16:HTAB 51:PRINT "____"
1670 VTAB 16:HTAB 51:GET A$
1680 IF ASC(A$)=27 THEN VTAB 16:HTAB 51:PRINT "    ":GOTO 1480
1690 IF ASC(A$)=8 THEN VTAB 16:HTAB 51:PRINT ANZ$:GOTO 1670
1700 IF ASC(A$)=9 OR ASC(A$)=21 GOTO 1740
1710 PRINT A$;
1720 LINE INPUT B$
1730 RSET ANZ$=A$+B$
1740 VTAB 16:HTAB 51:PRINT ANZ$
1750 IF VAL(SGW$)=0 THEN RSET SGW$=" 7.85"
1760 VTAB 16:HTAB 57:PRINT "__.__"
1770 VTAB 16:HTAB 57:GET A$
```

```
1780 IF ASC(A$)=27 THEN VTAB 16:HTAB 57:PRINT "      ":GOTO 1660
1790 IF ASC(A$)=8 THEN VTAB 16:HTAB 57:PRINT SGW$:GOTO 1770
1800 IF ASC(A$)=9 OR ASC(A$)=21 THEN 1860
1810 PRINT A$;
1820 LINE INPUT B$
1830 WERT$=A$+B$
1840 VOR=2:NACH=2:GOSUB 210
1850 RSET SGW$=WERT$
1860 VTAB 16:HTAB 57:PRINT SGW$
1870 VTAB 16:HTAB 65:PRINT "_"
1880 VTAB 16:HTAB 65:GET A$
1890 IF ASC(A$)=27 THEN VTAB 16:HTAB 65:PRINT " ":GOTO 1760
1900 IF ASC(A$)=8 THEN VTAB 16:HTAB 65:PRINT IND$:GOTO 1880
1910 IF ASC(A$)=9 OR ASC(A$)=21 THEN 1940
1920 PRINT A$
1930 LSET IND$=LEFT$(A$,1)
1940 VTAB 16:HTAB 65:PRINT IND$
1950 VTAB 5:HTAB 1:PRINT USING "#";VAL(IND$)
1960 G=V*VAL(SGW$)*VAL(ANZ$)
1970 WERT$=STR$(G)
1980 VOR=8:NACH=2:GOSUB 210
1990 LSET GEW$=WERT$
2000 VTAB 16:HTAB 68:PRINT GEW$
2010 I=VAL(IND$):G(I)=G(I)+G
2020 VTAB 5:HTAB 14:PRINT USING "########.##";G(VAL(IND$))
2030 REM ----------( Speicherung )----------
2040 PUT #2,SATZ
2050 ZEILE$(8)=SATZ$+"  "+FORM$+"  "+MA1$+"  "+MA2$+"  "+MA3$+"  "+MA4$+"  "+ANZ$+
             "  "+SGW$+"  "+IND$+"  "+GEW$
2060 GOSUB 70
2070 SATZ=SATZ+1
2080 GOTO 800
2090 REM ----------( Zeigen )----------
2100 VTAB 18:HTAB 11:PRINT "Zeigen    "
2110 SATZ=0:GET #2,1
2120 WHILE NOT EOF(2)
2130    SATZ=SATZ+1
2140    GET #2,SATZ
2150    IF VAL(MA1$)=0 GOTO 2200
2160    I=VAL(IND$):G(I)=G(I)+VAL(GEW$)
2170    SATZ$=RIGHT$("     "+STR$(SATZ),5)
2180    ZEILE$(8)=SATZ$+"  "+FORM$+"  "+MA1$+"  "+MA2$+"  "+MA3$+"  "+MA4$+"  "+ANZ$+
                "  "+SGW$+"  "+IND$+"  "+GEW$
2190    GOSUB 70
2200 WEND
2210 GOTO 170
```

```
2220 REM ----------< Summen-Anzeige >----------
2230 VTAB 5:HTAB 1:PRINT "_"
2240 VTAB 5:HTAB 1:GET A$:PRINT A$
2250 IF ASC(A$)=27 GOTO 520
2260 I=VAL(A$)
2270 IF I=0 GOTO 2240
2280 VTAB 5:HTAB 14:PRINT USING "########.##";G(I)
2290 GOTO 2240
2300 REM ----------< Summenaddition >----------
2310 SUM=0
2320 VTAB 5:HTAB 65:PRINT USING "##########.##";SUM
2330 VTAB 5:HTAB 52:PRINT "_"
2340 VTAB 5:HTAB 52:GET A$
2350 PRINT A$
2360 IF ASC(A$)=27 GOTO 520
2370 I=VAL(A$)
2380 IF I=0 GOTO 2340
2390 SUM=SUM+G(I)
2400 GOTO 2320
2410 REM ----------< Druckausgabe >----------
2420 VTAB 18:HTAB 11:PRINT "Drucken   "
2430 BL=0
2440 GOSUB 2610
2450 ZL=0
2460 SATZ=0:GET #2,1
2470 FOR I=1 TO 10:G(I)=0:NEXT I
2480 WHILE NOT EOF(2)
2490    SATZ=SATZ+1
2500    GET #2,SATZ
2510    IF VAL(MA1$)=0 GOTO 2580
2520    I=VAL(IND$):G(I)=G(I)+VAL(GEW$)
2530    SATZ$=RIGHT$("     "+STR$(SATZ),5)
2540    LPRINT "      ";
2550    LPRINT SATZ$+"  "+FORM$+" "+MA1$+" "+MA2$+" "+MA3$+" "+MA4$+" "+ANZ$+
              " "+SGW$+"  "+IND$+" "+GEW$
2560    ZL=ZL+1
2570    IF ZL>50 THEN GOSUB 3010 : GOSUB 2610
2580 WEND
2590 GOSUB 2890
2600 GOTO 520
2610 REM ----------< SBR/Blattkopf >----------
2620 LPRINT
2630 LPRINT "        ----------------------------------------------------------------"
2640 LPRINT "                                        Harald Nahrstedt"
2650 LPRINT CHR$(14);
2660 LPRINT "         MASCHINENELEMENTE - BASIC"
```

```
2670 LPRINT CHR$(20);
2680 LPRINT "                              Vieweg Verlag - Braunschweig/Wiesbaden"
2690 LPRINT CHR$(15);
2700 LPRINT CHR$(18);
2710 LPRINT "         ----------------------------------------------------------------------"
2720 OPEN "R",#1,"ABLAGE",40
2730 FIELD #1,40 AS TXT$
2740 GET #1,1
2750 CLOSE #1
2760 BL=BL+1
2770 LPRINT "         ";TXT$;
2780 LPRINT "                        Blatt : ";
2790 LPRINT USING "####";BL
2800 LPRINT
2810 LPRINT CHR$(14);
2820 LPRINT "                 GEWICHTE FINITER ELEMENTE"
2830 LPRINT CHR$(20);
2840 LPRINT
2850 LPRINT "         Lfd. Elem.        Maße in mm                  Anz. Dichte In-   Gewicht"
2860 LPRINT "         Nr.  Form    a         b         c         h     +/-  kg/qdm dex     kg   "
2870 LPRINT "         ----------------------------------------------------------------------"
2880 RETURN
2890 REM ----------< SBR/Druckende >----------
2900 IF ZL>37 THEN GOSUB 3010 : GOSUB 2610
2910 LPRINT:LPRINT
2920 LPRINT "         Index       Gewichtssumme                            Notizen        "
2930 LPRINT "         ----------------------------------------------------------------------"
2940 ZL=ZL+4
2950 FOR K=1 TO 9
2960    IF G(K)=0 GOTO 3000
2970    LPRINT "          ";K;"            ";
2980    LPRINT USING "########.##";G(K)
2990    ZL=ZL+1
3000 NEXT K
3010 REM ----------< SBR/Blattende >----------
3020 LPRINT CHR$(18);
3030 LPRINT CHR$(20);
3040 FOR K=ZL TO 51
3050    LPRINT
3060 NEXT K
3070 LPRINT "         NAHRSTEDT MASCHINENELEMENTE - BASIC ----------------------------------"
3080 ZL=0
3090 LPRINT CHR$(12)
3100 RETURN
```

Harald Nahrstedt
MASCHINENELEMENTE - BASIC
Vieweg Verlag - Braunschweig/Wiesbaden

Samstag,den 1.Dezember 1984 Blatt : 1

# GEWICHTE FINITER ELEMENTE

| Lfd. Nr. | Elem. Form | Maße in mm a | b | c | h | Anz. +/- | Dichte kg/qdm | In-dex | Gewicht kg |
|---|---|---|---|---|---|---|---|---|---|
| 1 | A | 200.00 | 150.00 | | 80.00 | 4 | 7.85 | 1 | 75.36 |
| 2 | B | 320.00 | 180.00 | 245.00 | 45.00 | 6 | 7.85 | 1 | 46.44 |
| 3 | C | 520.00 | 400.00 | | 240.00 | 1 | 7.85 | 1 | 163.36 |
| 4 | A | 150.00 | 120.00 | | 60.00 | 5 | 7.85 | 2 | 42.39 |
| 5 | B | 120.00 | 130.00 | 140.00 | 20.00 | 8 | 8.00 | 2 | 9.26 |
| 6 | B | 430.00 | 380.00 | 340.00 | 35.00 | 3 | 8.00 | 2 | 51.92 |
| 7 | A | 1200.00 | 1000.00 | | 120.00 | 4 | 7.85 | 2 | 4521.60 |
| 8 | B | 600.00 | 540.00 | 485.00 | 25.00 | 5 | 7.85 | 3 | 121.80 |
| 9 | B | 820.00 | 780.00 | 800.00 | 110.00 | 3 | 7.85 | 3 | 717.00 |
| 10 | C | 250.00 | 80.00 | | 450.00 | 8 | 7.85 | 3 | 1245.16 |
| 11 | C | 45.00 | 0.00 | | 25.00 | -4 | 7.85 | 3 | -2.75 |
| 12 | A | 20.00 | 30.00 | | 110.00 | -2 | 7.85 | 3 | -2.96 |

| Index | Gewichtssumme | Notizen |
|---|---|---|
| 1 | 285.16 | |
| 2 | 4625.17 | |
| 3 | 2078.25 | |

Dienstag,den 24.Juli 1984 Blatt : 1

## VARIABLENBELEGUNG

| Variable | Beschreibung |
|---|---|
| A$ | Eingabevariable für das erste Zeichen |
| ANZ$ | Anzahl der Elemente (Satzteil 4Z) |
| B$ | Eingabevariable für restliche Zeichen |
| BL | Blattzähler zur Druckausgabe |
| FORM$ | Elementform (Satzteil 1Z) |
| G | Gewicht aller Elemente einer Eingabe |
| G(I) | Summen der Gewichte nach Index |
| GEW$ | Gewicht (Satzteil 11Z) |
| I | Zähler für natürliche Zahlen |
| IND$ | Index (Satzteil 1Z) |
| L$ | Vorkommastellen im Text nach Normierung |
| MA1 | Maß 1 (Rechenwert) |
| MA1$ | Maß 1 (Satzteil 8Z) |
| MA2 | Maß 2 (Rechenwert) |
| MA2$ | Maß 2 (Satzteil 8Z) |
| MA3 | Maß 3 (Rechenwert) |
| MA3$ | Maß 3 (Satzteil 8Z) |
| MA4$ | Maß 4 (Satzteil 8Z) |
| NACH | Anzahl der Nachkommastellen für die Normierung |
| R$ | Nachkommastellen im Text nach Normierung |
| S | halber Seitenumfang bei der Dreiecksberechnung |
| SATZ | Satznummer der random-org. Gewichtsdatei |
| SATZ$ | Satznummer im Text |
| SGW$ | Spezifisches Gewicht (Satzteil 5Z) |
| TXT$ | Datumstext (Satzteil 40Z) |
| V | Volumen eines Elementes |
| V$ | Verteiler für Vorgang |
| VOR | Anzahl der Vorkommastellen für die Normierung |
| WERT# | doppelt genauer Wert zur Normierung |
| WERT$ | Wert zur Normierung im Text |
| WERT1 | Vorkomma-Anteil zur Normierung |
| WERT2 | Nachkomma-Anteil zur Normierung |
| ZEILE$(I) | Bildschirmzeilen für rollende Anzeige |
| ZL | Zeilenzähler zur Druckausgabe |

## 2-1 Passungswahl

```
10 REM PRG2-1
20 REM 1.12.84 Harald Nahrstedt
30 REM Programmsystem : Maschinenelemente
40 REM Programm : Passungsauswahl
50 REM ----------( Grunddaten )----------
60 DATA 3,6,10,14,18,24,30,40,50,65,80,100,120,140,160,180,200,225,250,280,315
70 DATA 355,400,450,500
80 REM --- H7 ---
90 DATA 10,0,12,0,15,0,18,0,18,0,21,0,21,0,25,0,25,0,30,0,30,0,35,0,35,0,40,0
100 DATA 40,0,40,0,46,0,46,0,46,0,52,0,52,0,57,0,57,0,63,0,63,0
110 REM --- H8 ---
120 DATA 14,0,18,0,22,0,27,0,27,0,33,0,33,0,39,0,39,0,46,0,46,0,54,0,54,0,63,0
130 DATA 63,0,63,0,72,0,72,0,72,0,81,0,81,0,89,0,89,0,97,0,97,0
140 REM --- s6 ---
150 DATA 20,14,27,19,32,23,39,28,39,28,48,35,48,35,59,43,59,43,72,53,78,59
160 DATA 93,71,101,79,117,92,125,100,133,108,151,122,159,130,169,140,190,158
170 DATA 202,170,226,190,244,208,272,232,292,252
180 REM --- m6 ---
190 DATA 8,2,12,4,15,6,18,7,18,7,21,8,21,8,25,9,25,9,30,11,30,11,35,13,35,13
200 DATA 40,15,40,15,40,15,46,17,46,17,52,20,52,20,57,21,57,21,63,23,63,23
210 REM --- h6 ---
220 DATA 0,-6,0,-8,0,-9,0,-11,0,-11,0,-11,0,-13,0,-13,0,-16,0,-16,0,-19,0,-19
230 DATA 0,-22,0,-22,0,-25,0,-25,0,-25,0,-29,0,-29,0,-29,0,-32,0,-32,0,-36
240 DATA 0,-36,0,-40,0,-40
250 REM ----------( Eingabe )----------
260 HOME   CLS
270 INPUT "Nennmaß in mm = ";N
280 IF N>500 THEN BEEP 50,10:GOTO 270
290 PRINT "Passungsauswahl :" ;
300 PRINT "   Bohrung :"          ; Return
310 PRINT "      H7 ..................... < 1 >" ;
320 PRINT "      H8 ..................... < 2 >"
330 PRINT "      Ihre Wahl = ";:GET TB$     Input
340 TB=VAL(TB$):IF TB<1 OR TB>2 THEN BEEP 50,10:GOTO 330
350 PRINT TB
360 PRINT "   Welle :"
370 PRINT "      s6 ..................... < 1 >" ;
380 PRINT "      m6 ..................... < 2 >" ;
390 PRINT "      h6 ..................... < 3 >"
400 PRINT "      Ihre Wahl = ";:GET TW$     Input
410 TW=VAL(TW$):IF TW<1 OR TW>3 THEN BEEP 50,10:GOTO 400
420 PRINT TW
430 REM ----------( Nennmaßbereich bestimmen )----------
440 RESTORE 60
```

```
450 I=1:READ X
460 WHILE N>X
470    I=I+1:READ X
480 WEND
490 REM ----------< Toleranzfeld Bohrung >----------
500 ON TB GOTO 510,520
510 RESTORE 90:GOTO 530
520 RESTORE 120
530 FOR J=1 TO I
540    READ AOB,AUB
550 NEXT J
560 REM ----------< Toleranzfeld Welle >----------
570 ON TW GOTO 580,590,600
580 RESTORE 150:GOTO 610
590 RESTORE 190:GOTO 610
600 RESTORE 220
610 FOR J=1 TO I
620    READ AOW,AUW
630 NEXT J
640 REM ----------< Abmaßausgabe >----------
650 PRINT:PRINT "Abmaße :"
660 PRINT "   Bohrung :   Ao =";AOB,"Au =";AUB
670 PRINT "   Welle :     Ao =";AOW,"Au =";AUW
680 REM ----------< Differenzen >----------
690 D1=AOB-AUW
700 D2=AUB-AOW
710 IF D1<0 GOTO 740
720 IF D2<0 GOTO 780
730 GOTO 820
740 REM ----------< Preßpassung >----------
750 PRINT "Preßpassung !"
760 PRINT "   Größtübermaß =";ABS(D2),"Kleinstübermaß =";ABS(D1)
770 END
780 REM ----------< übergangspassung >----------
790 PRINT "Übergangspassung !"
800 PRINT "   Größtspiel =";D1,"Größtübermaß =";ABS(D2)
810 END
820 REM --------< Spielpassung >----------
830 PRINT "Spielpassung !"
840 PRINT "   Größtspiel =";D1,"Kleinstspiel =";D2
```

## 2-2 Beziehung $R_a/R_z$

```
10 REM PRG2-2
20 REM 1.12.84 Harald Nahrstedt
30 REM Programmsystem : Maschinenelemente
40 REM Programm : Beziehung zwischen Ra und Rz
50 DIM X(20)
60 GOTO 290
70 REM ----------( Anzeige nach oben rollen )----------
80 FOR I=1 TO 9
90    ZEILE$(I)=ZEILE$(I+1)
100 NEXT I
110 ZEILE$(10)="
120 FOR I=2 TO 10
130    VTAB 6+I:HTAB 1
140    PRINT ZEILE$(I)
150 NEXT I
160 RETURN
170 REM ----------( Zahlennormierung )----------
180 WERT#=VAL(WERT$)
190 WERT1=INT(WERT#)
200 WERT2=WERT#-WERT1
210 WERT2=WERT2+5*10^-(NACH+1)
220 IF WERT2>1 THEN WERT1=WERT1+1:WERT2=WERT2-1
230 WERT2=INT(WERT2*10^NACH)/10^NACH
240 L$=RIGHT$("           "+STR$(WERT1),VOR)
250 IF NACH=0 THEN WERT$=L$:RETURN
260 R$=LEFT$(MID$(STR$(WERT2),3,LEN(STR$(WERT2))-2)+"000000",NACH)
270 WERT$=L$+"."+R$
280 RETURN
290 REM ----------( Bildaufbau )----------
300 HOME
310 START=0
320 PRINT "MASCHINENELEMENTE - BASIC"
330 PRINT "OBERFLAECHENMESSUNGSWERTE"
340 OPEN "R",#1,"ABLAGE",40
350 FIELD #1,40 AS TXT$
360 GET #1,1
370 CLOSE #1
380 VTAB 2:HTAB 40:PRINT TXT$
390 VTAB 4:HTAB 1
400 PRINT "-----------------------------------------------------------------------------"
410 PRINT "Rmax :          um          Ra :          um          Rz :          um          "
420 PRINT "Lfd.Nr.      Unterer Meßwert      Oberer Meßwert      Anzahl der Meßwerte :   "
430 PRINT "-----------------------------------------------------------------------------"
```

```
440 VTAB 17:HTAB 1
450 PRINT "------------------------------------------------------------------------------"
460 REM ----------( Verteiler )----------
470 VTAB 18:HTAB 1:PRINT "Vorgang : ?         "
480 VTAB 18:HTAB 11:GET V$
490 VTAB 18:HTAB 41:PRINT "                                      "
500 IF ASC(V$)=27 THEN RUN"MENUE"
510 IF V$="?" THEN 560
520 IF V$="S" THEN 620
530 IF V$="D" THEN 1220
540 VTAB 18:HTAB 41:PRINT "Eingabe fehlerhaft !                  "
550 GOTO 470
560 REM ----------( Info )----------
570 VTAB 20
580 PRINT "Dieses Programm simuliert den Meßvorgang zur Bestimmung von Ra und Rz unter der"
590 PRINT "Eingabe von Rmax. Die Maßeinheit ist um = mm/1000.                             "
600 PRINT "( S ) Start zur Vergleichsmessung      ( D ) Druckausgabe der letzten Messung  "
610 GOTO 460
620 REM ----------( Eingabe )----------
630 VTAB 18:HTAB 11:PRINT "Messung   "
640 VTAB 6:HTAB 75:PRINT "___"
650 VTAB 6:HTAB 75:GET A$
660 IF ASC(A$)=27 THEN VTAB 6:HTAB 75:PRINT "   ":GOTO 470
670 IF ASC(A$)=8 THEN VTAB 6:HTAB 75:PRINT ANZ$:GOTO 650
680 IF ASC(A$)=9 OR ASC(A$)=21 THEN 740
690 PRINT A$;
700 LINE INPUT B$
710 WERT$=A$+B$
720 VOR=3:NACH=0:GOSUB 170
730 ANZ$=WERT$
740 VTAB 6:HTAB 75:PRINT ANZ$
750 ANZ=VAL(ANZ$)
760 ERASE X:DIM X(ANZ)
770 VTAB 5:HTAB 8:PRINT "____.__"
780 VTAB 5:HTAB 8:GET A$
790 IF ASC(A$)=27 THEN VTAB 5:HTAB 8:PRINT "       ":GOTO 640
800 IF ASC(A$)=8 THEN VTAB 5:HTAB 8:PRINT RMAX$:GOTO 780
810 IF ASC(A$)=9 OR ASC(A$)=21 GOTO 870
820 PRINT A$;
830 LINE INPUT B$
840 WERT$=A$+B$
850 VOR=4:NACH=2:GOSUB 170
860 RMAX$=WERT$
870 VTAB 5:HTAB 8:PRINT RMAX$
880 RMAX=VAL(RMAX$)
890 SUMH=0:SUMZ=0
```

```
900 FOR J=0 TO ANZ-1
910    Z=INT(5/ANZ*J)+1
920    X(J)=-RMAX/2+RMAX*RND(1)
930    SUMH=SUMH+ABS(X(J))
940    IF Z=5/ANZ*J+1 THEN MIN(Z)=X(J):MAX(Z)=X(J):GOTO 970
950    IF X(J)<MIN(Z) THEN MIN(Z)=X(J)
960    IF X(J)>MAX(Z) THEN MAX(Z)=X(J)
970    WERT$=STR$(MIN(Z))
980    VOR=4:NACH=2:GOSUB 170
990    MIN$=WERT$
1000    WERT$=STR$(MAX(Z))
1010    GOSUB 170
1020    MAX$=WERT$
1030    NR$=RIGHT$("   "+STR$(J+1),3)
1040    ZEILE$(10)="  "+NR$+"                "+MIN$+"              "+MAX$
1050    GOSUB 70
1060 NEXT J
1070 ZEILE$(10)="                 - * -
1080 GOSUB 70
1090 FOR J=1 TO 5
1100    SUMZ=SUMZ+(MAX(J)-MIN(J))
1110 NEXT J
1120 WERT$=STR$(SUMZ/5)
1130 VOR=4:NACH=2:GOSUB 170
1140 VTAB 5:HTAB 58:PRINT WERT$
1150 WERT$=STR$(SUMH/ANZ)
1160 VOR=4:NACH=2:GOSUB 170
1170 VTAB 5:HTAB 33:PRINT WERT$
1180 GOTO 470
1190 REM ----------(Wiederholungsinfo)----------
1200 VTAB 18:HTAB 41:PRINT "< J > = ja, jede andere Taste nein"
1210 GOTO 1180
1220 REM ----------< Druckausgabe >----------
1230 VTAB 18:HTAB 11:PRINT "Drucken   "
1240 BL=0
1250 GOSUB 1610
1260 SUMZ=0:SUMH=0
1270 ZL=0
1280 FOR J=0 TO ANZ-1
1290    Z=INT(5/ANZ*J)+1
1300    SUMH=SUMH+ABS(X(J))
1310    IF Z=5/ANZ*J+1 THEN MIN(Z)=X(J):MAX(Z)=X(J):GOTO 1340
1320    IF X(J)<MIN(Z) THEN MIN(Z)=X(J)
1330    IF X(J)>MAX(Z) THEN MAX(Z)=X(J)
1340    WERT$=STR$(MIN(Z))
1350    VOR=4:NACH=2:GOSUB 170
```

```
1360     MIN$=WERT$
1370     WERT$=STR$(MAX(Z))
1380     GOSUB 170
1390     MAX$=WERT$
1400     NR$=RIGHT$("   "+STR$(J+1),3)
1410     LPRINT "          "+NR$+"                    "+MIN$+"              "+MAX$
1420     ZL=ZL+1
1430     IF ZL>39 THEN GOSUB 1900:GOSUB 1610
1440 NEXT J
1450 LPRINT:LPRINT:LPRINT
1460 LPRINT "          Rmax = ";RMAX$;" um"
1470 FOR J=1 TO 5
1480     SUMZ=SUMZ+(MAX(J)-MIN(J))
1490 NEXT J
1500 WERT$=STR$(SUMZ/5)
1510 VOR=4:NACH=2:GOSUB 170
1520 LPRINT "          Rz   = ";WERT$;" um"
1530 WERT$=STR$(SUMH/ANZ)
1540 VOR=4:NACH=2:GOSUB 170
1550 LPRINT "          Ra   = ";WERT$;" um"
1560 LPRINT:LPRINT:LPRINT
1570 LPRINT "          Notizen :"
1580 ZL=ZL+10
1590 GOSUB 1900
1600 GOTO 470
1610 REM ----------< SBR/Blattkopf >----------
1620 LPRINT
1630 LPRINT "          ----------------------------------------------------------------------"
1640 LPRINT "                                   Harald Nahrstedt"
1650 LPRINT CHR$(14);
1660 LPRINT "           MASCHINENELEMENTE - BASIC"
1670 LPRINT CHR$(20);
1680 LPRINT "                        Vieweg Verlag - Braunschweig/Wiesbaden"
1690 LPRINT CHR$(15);
1700 LPRINT CHR$(18);
1710 LPRINT "          ----------------------------------------------------------------------"
1720 OPEN "R",#1,"ABLAGE",40
1730 FIELD #1,40 AS TXT$
1740 GET #1,1
1750 CLOSE #1
1760 BL=BL+1
1770 LPRINT "          ";TXT$;
1780 LPRINT "                  Blatt : ";
1790 LPRINT USING "####";BL
1800 LPRINT
1810 LPRINT CHR$(14);
```

```
1820 LPRINT "            PROBABILISTISCHE SIMULATION"
1830 LPRINT CHR$(14);
1840 LPRINT "           VERGLEICHSMESSUNG OBERFLÄCHE"
1850 LPRINT CHR$(20);
1860 LPRINT
1870 LPRINT "        Lfd.Nr.      Unterer Meßwert      Oberer Meßwert                    "
1880 LPRINT "        ------------------------------------------------------------------------"
1890 RETURN
1900 REM ----------( SBR/Blattende )----------
1910 LPRINT CHR$(18);
1920 LPRINT CHR$(20);
1930 FOR K=ZL TO 50
1940    LPRINT
1950 NEXT K
1960 LPRINT "        NAHRSTEDT MASCHINENELEMENTE - BASIC ----------------------------------"
1970 ZL=0
1980 LPRINT CHR$(12)
1990 RETURN
```

```
-----------------------------------------------------------------------------
                          Harald Nahrstedt
              MASCHINENELEMENTE  -  BASIC
               Vieweg Verlag - Braunschweig/Wiesbaden
-----------------------------------------------------------------------------
Samstag,den 1.Dezember 1984                                    Blatt :    1

                  PROBABILISTISCHE  SIMULATION
                  VERGLEICHSMESSUNG  OBERFLÄCHE

Lfd.Nr.       Unterer Meßwert       Oberer Meßwert
-----------------------------------------------------------------------------
  1                -26.51              -26.51
  2                -26.51              -20.50
  3                -26.51              -19.19
  4                -26.51                1.52
  5                -45.83              -45.83
  6                -45.83               28.89
  7                -45.83               28.89
  8                -45.83               28.89
  9                 48.45               48.45
 10                 40.16               48.45
 11                 22.73               48.45
 12                -50.68               48.45
 13                 46.94               46.94
 14                -50.18               46.94
 15                -50.18               46.94
 16                -50.18               46.94
 17                 39.66               39.66
 18                 16.02               39.66
 19                  5.45               39.66
 20                  5.45               39.66

 Rmax =   100.00 um
 Rz   =    65.76 um
 Ra   =    29.71 um

 Notizen :
```

## 3-1 Geschweißter Zapfen

```
10 REM PRG3-1
20 REM 1.12.84 Harald Nahrstedt
30 REM Programmsystem : Maschinenelemente
40 REM Programm : Geschweißter Zapfen
50 REM ----------< Eingabe >----------
60 HOME
70 INPUT"Wellendurchmesser (mm) d = ";D
80 INPUT"Schweißnahtdicke (mm)  a = ";A
90 INPUT"Normalkraft (kN)      FN = ";F
100 INPUT"Querkraft (kN)        FQ = ";FQ
110 INPUT"Biegemoment (Nm)      Mb = ";MB
120 INPUT"Torsionsmoment (Nm)    T = ";T
130 REM ----------< Maße >----------
140 DA=D+2*A
150 X=(D+A)*3.14159*A
160 Y=3.14159*((DA^4-D^4)/DA)
170 REM ----------< Schweißnahtbelastung >----------
180 PRINT:PRINT "Schweißnahtbelastung :"
190 SW=F/X*1000
200 PRINT "   Zug/Druck (N/mm^2) =";SW
210 SBW=32*MB/Y*1000
220 PRINT "   Biegung (N/mm^2) =";SBW
230 TW=FQ/X*1000
240 PRINT "   Schub (N/mm^2) =";TW
250 TTW=16*T/Y*1000
260 PRINT "   Torsion (N/mm^2) =";TTW
270 SW=SW+SBW
280 TW=TW+TTW
290 SVW=(SW+SQR(SW^2+4*TW^2))/2
300 PRINT "   Vergleichsspannung (N/mm^2) =";SVW
310 REM ----------< Maße >----------
320 X=D^2*3.14159/4
330 Y=D^3*3.14159/16
340 REM ----------< Zapfenbelastung >----------
350 PRINT:PRINT "Zapfenbelastung :"
360 SZ=F/X*1000
370 PRINT "   Zug/Druck (N/mm^2) =";SZ
380 SBZ=2*MB/Y*1000
390 PRINT "   Biegung (N/mm^2) =";SBZ
400 TZ=FQ/X*1000
410 PRINT "   Schub (N/mm^2) =";TZ
420 TTZ=T/Y*1000
430 PRINT "   Torsion (N/mm^2) = ";TTZ
440 SZ=SZ+SBZ
450 TZ=TZ+TTZ
460 SVZ=SQR(SZ^2+3*TZ^2)
470 PRINT "   Vergleichsspannung (N/mm^2) =";SVZ
```

## 3-2 Geschweißter Biegeträger

```
10 REM PRG3-2
20 REM 1.12.84 Harald Nahrstedt
30 REM
40 REM Programmsystem : Maschinenelemente
50 REM Programm : Geschweißter Biegeträger
60 GOTO 330
70 REM ----------< Anzeige nach oben rollen >----------
80 FOR I=1 TO 3
90    ZEILE$(I)=ZEILE$(I+1)
100 NEXT I
110 ZEILE$(4)="
120 FOR I=1 TO 4
130    VTAB 12+I:HTAB 1
140    PRINT ZEILE$(I)
150 NEXT I
160 RETURN
170 REM ----------< Endezeichen >----------
180 ZEILE$(4)="                                    - * -
190 GOSUB 70
200 GOTO 560
210 REM ----------< Zahlennormierung >----------
220 WERT#=VAL(WERT$)
230 WERT1=INT(WERT#)
240 WERT2=WERT#-WERT1
250 WERT2=WERT2+5*10^-(NACH+1)
260 IF WERT2>1 THEN WERT1=WERT1+1:WERT2=WERT2-1
270 WERT2=INT(WERT2*10^NACH)/10^NACH
280 L$=RIGHT$("           "+STR$(WERT1),VOR)
290 IF NACH=0 THEN  WERT$=L$:RETURN
300 R$=LEFT$(MID$(STR$(WERT2),3,LEN(STR$(WERT2))-2)+"000000",NACH)
310 WERT$=L$+"."+R$
320 RETURN
330 REM ----------< Bildaufbau >----------
340 STRICH$=STRING$(79,"-")
350 HOME
360 PRINT "MASCHINENELEMENTE - BASIC"
370 PRINT "GESCHWEISSTER BIEGETRAEGER"
380 OPEN "R",#1,"ABLAGE",40
390 FIELD #1,40 AS TXT$
400 GET #1,1
410 CLOSE #1
420 VTAB 2:HTAB 40:PRINT TXT$
430 VTAB 4:HTAB 1:PRINT STRICH$
```

```
440 PRINT "Querschnitt  A =              cm^2       Schwp.abst.  e =              mm       "
450 PRINT "Trägh.moment I =              cm^4       Biegemoment Mb =              Ncm      "
460 PRINT "Normalkraft FN =              N          Querkraft   FQ =              N        "
470 PRINT "Zug-/Drucksp.  =              N/cm^2     Scherspannung   =             N/cm^2   "
480 PRINT "Biegespannung1 =              N/cm^2     Biegespannung2 =              N/cm^2   "
490 PRINT "Hauptspannung1 =              N/cm^2     Hauptspannung2 =              N/cm^2   "
500 PRINT "Lfd.Nr.   Höhe-mm   Breite-mm     Schweißnähte-mm  Schweißnahthauptsp.-N/cm^2"
510 PRINT STRICH$
520 VTAB 17:HTAB 1:PRINT STRICH$
530 REM ----------< Benutzer-Datei >-----
540 OPEN "R",#2,"TRAEGER",22
550 FIELD #2,8 AS HOH$,8 AS BRT$,6 AS SNH$
560 REM ----------< Verteiler >----------
570 VTAB 18:HTAB 1:PRINT "Vorgang : ?          "
580 VTAB 18:HTAB 11:GET V$
590 VTAB 18:HTAB 41:PRINT "                                      "
600 IF ASC(V$)=27 THEN RUN"MENUE"
610 IF V$="?" THEN 680
620 IF V$="E" THEN 740
630 IF V$="Z" THEN 1280
640 IF V$="B" THEN 1380
650 IF V$="D" THEN 2440
660 VTAB 18:HTAB 41:PRINT "Eingabe fehlerhaft !                  "
670 GOTO 570
680 REM ----------< Info >----------
690 VTAB 20:HTAB 1:PRINT "< E > Eingabe               < Z > Zeigen              "
700 VTAB 21:HTAB 1:PRINT "< B > Berechnungsstart     < D > Ausdruck der letzten Berechnung  "
710 PRINT "                                              "
720 PRINT "                                              "
730 GOTO 560
740 REM ----------< Eingabe >----------
750 IF SATZ=0 THEN SATZ=1
760 SATZ$=RIGHT$("     "+STR$(SATZ),5)
770 VTAB 16:HTAB 1:PRINT "_____"
780 VTAB 16:HTAB 1:GET A$
790 IF ASC(A$)=27 THEN MERKER=1:VTAB 16:HTAB 1:PRINT "     ":GOTO 170
800 IF ASC(A$)=8 THEN VTAB 16:HTAB 1:PRINT SATZ$:GOTO 780
810 IF ASC(A$)=9 OR ASC(A$)=21 THEN 860
820 PRINT A$;
830 LINE INPUT B$
840 SATZ=VAL(A$+B$)
850 SATZ$=RIGHT$("     "+STR$(SATZ),5)
860 VTAB 16:HTAB 1:PRINT SATZ$
870 GET #2,SATZ
880 VTAB 16:HTAB 10:PRINT "_____.__"
```

```
890 VTAB 16:HTAB 10:GET A$
900 IF ASC(A$)=27 THEN VTAB 16:HTAB 10:PRINT "          ":GOTO 770
910 IF ASC(A$)=8 THEN VTAB 16:HTAB 10:PRINT HOH$:GOTO 890
920 IF ASC(A$)=9 OR ASC(A$)=21 GOTO 980
930 PRINT A$;
940 LINE INPUT B$
950 WERT$=A$+B$
960 VOR=5:NACH=2:GOSUB 210
970 RSET HOH$=WERT$
980 VTAB 16:HTAB 10:PRINT HOH$
990 VTAB 16:HTAB 23:PRINT "_____.__"
1000 VTAB 16:HTAB 23:GET A$
1010 IF ASC(A$)=27 THEN VTAB 16:HTAB 23:PRINT "          ":GOTO 880
1020 IF ASC(A$)=8 THEN VTAB 16:HTAB 23:PRINT BRT$:GOTO 1000
1030 IF ASC(A$)=9 OR ASC(A$)=21 GOTO 1090
1040 PRINT A$;
1050 LINE INPUT B$
1060 WERT$=A$+B$
1070 GOSUB 210
1080 RSET BRT$=WERT$
1090 VTAB 16:HTAB 23:PRINT BRT$
1100 VTAB 16:HTAB 42:PRINT "___.__"
1110 VTAB 16:HTAB 42:GET A$
1120 IF ASC(A$)=27 THEN VTAB 16:HTAB 42:PRINT "        ":GOTO 990
1130 IF ASC(A$)=8 THEN VTAB 16:HTAB 42:PRINT SNH$:GOTO 1110
1140 IF ASC(A$)=9 OR ASC(A$)=21 GOTO 1210
1150 IF ASC(A$)=13 THEN RSET SNH$="  0.00":GOTO 1210
1160 PRINT A$;
1170 LINE INPUT B$
1180 WERT$=A$+B$
1190 VOR=3:NACH=2:GOSUB 210
1200 RSET SNH$=WERT$
1210 VTAB 16:HTAB 42:PRINT SNH$
1220 REM ----------( Speicherung )----------
1230 PUT #2,SATZ
1240 ZEILE$(4)=SATZ$+"    "+HOH$+"     "+BRT$+"           "+SNH$
1250 GOSUB 70
1260 SATZ=SATZ+1
1270 GOTO 760
1280 REM ----------( Zeigen )----------
1290 VTAB 18:HTAB 11:PRINT "Zeigen    "
1300 SATZ=0
1310 SATZ=SATZ+1
1320 GET #2,SATZ
1330 SATZ$=RIGHT$("     "+STR$(SATZ),5)
1340 ZEILE$(4)=SATZ$+"    "+HOH$+"     "+BRT$+"           "+SNH$
```

```
1350 GOSUB 70
1360 IF VAL(SNH$)>0 GOTO 1310
1370 GOTO 170
1380 REM ----------( Berechnung )----------
1390 VTAB 18:HTAB 11:PRINT "Berechnung"
1400 HVH=0:A=0:SUMA=0:FTM=0
1410 SATZ=0:GET #2,1
1420 WHILE NOT EOF(2)
1430    SATZ=SATZ+1
1440    GET #2,SATZ
1450    IF VAL(BRT$)=0 GOTO 1540
1460    SATZ$=RIGHT$("     "+STR$(SATZ),5)
1470    ZEILE$(4)=SATZ$+"    "+HOH$+"     "+BRT$+"           "+SNH$
1480    HOH=VAL(HOH$):BRT=VAL(BRT$):SNH=VAL(SNH$)
1490    A=A+(HOH-HVH)*BRT
1500    SUMA=SUMA+BRT*(HOH-HVH)*(HOH+HVH)/2
1510    FTM=FTM+BRT/12*(HOH-HVH)^3+BRT*(HOH-HVH)*((HOH+HVH)/2)^2
1520    GOSUB 70
1530    HVH=HOH
1540 WEND
1550 VTAB 5:HTAB 20:PRINT USING "######.##";A/100
1560 E=SUMA/A
1570 VTAB 5:HTAB 60:PRINT USING "######.##";E
1580 VTAB 6:HTAB 20:PRINT USING "######.##";FTM/10000
1590 VTAB 6:HTAB 60:PRINT "_________"
1600 VTAB 6:HTAB 60:GET A$
1610 IF ASC(A$)=27 THEN VTAB 6:HTAB 60:PRINT "         ":GOTO 560
1620 IF ASC(A$)=8 THEN VTAB 6:HTAB 60:PRINT MB$:GOTO 1600
1630 IF ASC(A$)=9 OR ASC(A$)=21 GOTO 1690
1640 PRINT A$;
1650 LINE INPUT B$
1660 WERT$=A$+B$
1670 VOR=9:NACH=0:GOSUB 210
1680 MB$=WERT$
1690 VTAB 6:HTAB 60:PRINT MB$
1700 MB=VAL(MB$)
1710 VTAB 7:HTAB 20:PRINT "_________"
1720 VTAB 7:HTAB 20:GET A$
1730 IF ASC(A$)=27 THEN VTAB 7:HTAB 20:PRINT "         ":GOTO 1590
1740 IF ASC(A$)=8 THEN VTAB 7:HTAB 20:PRINT NKR$:GOTO 1720
1750 IF ASC(A$)=9 OR ASC(A$)=21 GOTO 1810
1760 PRINT A$;
1770 LINE INPUT B$
1780 WERT$=A$+B$
1790 VOR=9:NACH=0:GOSUB 210
1800 NKR$=WERT$
```

```
1810 VTAB 7:HTAB 20:PRINT NKR$
1820 NKR=VAL(NKR$)
1830 VTAB 7:HTAB 60:PRINT "_________"
1840 VTAB 7:HTAB 60:GET A$
1850 IF ASC(A$)=27 THEN VTAB 7:HTAB 60:PRINT "         ";GOTO 1710
1860 IF ASC(A$)=8 THEN VTAB 7:HTAB 60:PRINT QKR$:GOTO 1840
1870 IF ASC(A$)=9 OR ASC(A$)=21 GOTO 1930
1880 PRINT A$;
1890 LINE INPUT B$
1900 WERT$=A$+B$
1910 VOR=9:NACH=0:GOSUB 210
1920 QKR$=WERT$
1930 VTAB 7:HTAB 60:PRINT QKR$
1940 QKR=VAL(QKR$)
1950 ZUG=NKR/A*100
1960 SCHUB=QKR/A*100
1970 BIEGE1=-MB*E/FTM*1000
1980 BIEGE2=MB*(HOH-E)/FTM*1000
1990 HAUPT1=(BIEGE1+ZUG+SQR((BIEGE1+ZUG)^2+4*SCHUB^2))/2
2000 HAUPT2=(BIEGE2+ZUG+SQR((BIEGE2+ZUG)^2+4*SCHUB^2))/2
2010 VTAB 8:HTAB 20:PRINT USING "#########";ZUG
2020 VTAB 8:HTAB 60:PRINT USING "#########";SCHUB
2030 VTAB 9:HTAB 20:PRINT USING "#########";BIEGE1
2040 VTAB 9:HTAB 60:PRINT USING "#########";BIEGE2
2050 VTAB 10:HTAB 20:PRINT USING "#########";HAUPT1
2060 VTAB 10:HTAB 60:PRINT USING "#########";HAUPT2
2070 SATZ=0:GET #2,1
2080 MERK=0
2090 WHILE NOT EOF(2)
2100    SATZ=SATZ+1
2110    GET #2,SATZ
2120    IF VAL(SNH$)=0 GOTO 2420
2130    SATZ$=RIGHT$("     "+STR$(SATZ),5)
2140    H1=VAL(HOH$)
2150    H1$=HOH$
2160    B1=VAL(BRT$)
2170    S=VAL(SNH$)
2180    S$=SNH$
2190    IF H1>E GOTO 2270
2200    IF SATZ=1 THEN H0=0:GOTO 2230
2210    GET #2,SATZ-1
2220    H0=VAL(HOH$)
2230    AI=B1*(H1-H0)
2240    X=(H0+H1)/2
2250    Y=E-X
2260    GOTO 2340
```

```
2270    GET #2,SATZ+1
2280    H2=VAL(HOH$)
2290    B2=VAL(BRT$)
2300    AI=B2*(H2-H1)
2310    X=(H1+H2)/2
2320    Y=X-E
2330    REM --- Belastungen ---
2340    SCHUBS=QKR*AI*Y/FTM/S*100
2350    BIEGE=MB*(H-E)/FTM*1000
2360    HAUPT=(BIEGE+ZUG+SQR((BIEGE+ZUG)^2+4*SCHUBS^2))/2
2370    WERT$=STR$(HAUPT)
2380    VOR=9:NACH=0:GOSUB 210
2390    HAUPT$=WERT$
2400    ZEILE$(4)=SATZ$+"    "+H1$+"                          "+S$+
              "            "+HAUPT$
2410    GOSUB 70
2420 WEND
2430 GOTO 170
2440 REM ----------< Druckausgabe >----------
2450 IF HAUPT1=0 THEN BEEP 50,10:VTAB 18:HTAB 41:
     PRINT "Erst mit < B > Berechnung starten ! ":GOTO 560
2460 VTAB 18:HTAB 11:PRINT "Drucken   "
2470 BL=0
2480 GOSUB 3200
2490 LPRINT "        Gesamtquerschnitt         A = ";
2500 LPRINT USING "#########.##";A/100;
2510 LPRINT " cm^2"
2520 LPRINT "        Schwerpunktsabstand       e = ";
2530 LPRINT USING "#########.##";E;
2540 LPRINT " mm"
2550 LPRINT "        Flächenträgheitsmoment    I = ";
2560 LPRINT USING "#########.##";FTM/10000;
2570 LPRINT " cm^4"
2580 LPRINT "        Biegemoment              Mb = ";MB$;"    Ncm"
2590 LPRINT "        Normalkraft              FN = ";NKR$;"    N"
2600 LPRINT "        Querkraft                FQ = ";QKR$;"    N"
2610 LPRINT "        Zug-/Druckspannung       Sz = ";
2620 LPRINT USING "#########   ";ZUG;
2630 LPRINT " N/cm^2"
2640 LPRINT "        Schubspannung             T = ";
2650 LPRINT USING "#########   ";SCHUB;
2660 LPRINT " N/cm^2"
2670 LPRINT "        Biegespannung (innen)    Sb = ";
2680 LPRINT USING "#########   ";BIEGE1;
2690 LPRINT " N/cm^2"
2700 LPRINT "        Biegespannung (außen)    Sb = ";
```

```
2710 LPRINT USING "#########   ";BIEGE2;
2720 LPRINT " N/cm^2"
2730 LPRINT "         Hauptspannung (innen)    Sh = ";
2740 LPRINT USING "#########   ";HAUPT1;
2750 LPRINT " N/cm^2"
2760 LPRINT "         Hauptspannung (außen)    Sh = ";
2770 LPRINT USING "#########   ";HAUPT2;
2780 LPRINT " N/cm^2"
2790 LPRINT
2800 LPRINT "        Lfd.Nr.  Höhe-mm  Breite-mm  Schweißnähte-mm Schweißnahthauptsp.-N/cm^2"
2810 LPRINT "        -----------------------------------------------------------------------"
2820 ZL=15
2830 SATZ=0:GET #2,1
2840 MERK=0
2850 WHILE NOT EOF(2)
2860    SATZ=SATZ+1
2865    GET #2,SATZ
2870    IF VAL(HOH$)=0 THEN 3190
2875    SATZ$=RIGHT$("     "+STR$(SATZ),5)
2880    LPRINT "         ";SATZ$;"   ";HOH$;"   ";BRT$;"      ";SNH$;
2890    IF VAL(SNH$)=0 THEN LPRINT " ":GOSUB 3460:GOTO 3190
2910    H1=VAL(HOH$)
2920    H1$=HOH$
2930    B1=VAL(BRT$)
2940    S=VAL(SNH$)
2950    S$=SNH$
2960    IF H1>E GOTO 3040
2970    IF SATZ=1 THEN H0=0:GOTO 3000
2980    GET #2,SATZ-1
2990    H0=VAL(HOH$)
3000    AI=B1*(H1-H0)
3010    X=(H0+H1)/2
3020    Y=E-X
3030    GOTO 3100
3040    GET #2,SATZ+1
3050    H2=VAL(HOH$)
3060    B2=VAL(BRT$)
3070    AI=B2*(H2-H1)
3080    X=(H1+H2)/2
3090    Y=X-E
3100    SCHUBS=QKR*AI*Y/FTM/S*100
3110    BIEGE=MB*(H-E)/FTM*1000
3120    HAUPT=(BIEGE+ZUG+SQR((BIEGE+ZUG)^2+4*SCHUBS^2))/2
3130    WERT$=STR$(HAUPT)
3140    VOR=9:NACH=0:GOSUB 210
3150    HAUPT$=WERT$
```

```
3160    LPRINT "          ";HAUPT$
3170    ZL=ZL+1
3180    IF ZL>50 THEN GOSUB 3460 : GOSUB 3200
3190 WEND
3195 GOTO 560
3200 REM ----------( SBR/Blattkopf )----------
3210 LPRINT
3220 LPRINT "        -----------------------------------------------------------------"
3230 LPRINT "                                         Harald Nahrstedt"
3240 LPRINT CHR$(14);
3250 LPRINT "         MASCHINENELEMENTE - BASIC"
3260 LPRINT CHR$(20);
3270 LPRINT "                             Vieweg Verlag - Braunschweig/Wiesbaden"
3280 LPRINT CHR$(15);
3290 LPRINT CHR$(18);
3300 LPRINT "        -----------------------------------------------------------------"
3310 OPEN "R",#1,"ABLAGE",40
3320 FIELD #1,40 AS TXT$
3330 GET #1,1
3340 CLOSE #1
3350 BL=BL+1
3360 LPRINT "        ";TXT$;
3370 LPRINT "                 Blatt : ";
3380 LPRINT USING "####";BL
3390 LPRINT
3400 LPRINT CHR$(14);
3410 LPRINT "             GESCHWEISSTER BIEGETRÄGER"
3420 LPRINT CHR$(20);
3430 LPRINT
3440 LPRINT "        -----------------------------------------------------------------"
3450 RETURN
3460 REM ----------( SBR/Blattende )----------
3470 LPRINT CHR$(18);
3480 LPRINT CHR$(20);
3490 FOR K=ZL TO 51
3500    LPRINT
3510 NEXT K
3520 LPRINT "        NAHRSTEDT MASCHINENELEMENTE - BASIC --------------------------------"
3530 ZL=0
3540 LPRINT CHR$(12)
3550 RETURN
```

```
------------------------------------------------------------------------
                        Harald Nahrstedt
          MASCHINENELEMENTE     —     BASIC
              Vieweg Verlag - Braunschweig/Wiesbaden
------------------------------------------------------------------------
Samstag,den 1.Dezember 1984                              Blatt :      1
                      GESCHWEISSTER  BIEGETRÄGER
------------------------------------------------------------------------
Gesamtquerschnitt           A =        13.00 cm^2
Schwerpunktsabstand         e =        17.69 mm
Flächenträgheitsmoment      I =        67.83 cm^4
Biegemoment                Mb =      10000   Ncm
Normalkraft                FN =       6000   N
Querkraft                  FQ =       5000   N
Zug-/Druckspannung         Sz =        462   N/cm^2
Schubspannung               T =        385   N/cm^2
Biegespannung (innen)      Sb =       -261   N/cm^2
Biegespannung (außen)      Sb =        403   N/cm^2
Hauptspannung (innen)      Sh =        498   N/cm^2
Hauptspannung (außen)      Sh =       1011   N/cm^2

Lfd.Nr.  Höhe-mm  Breite-mm  Schweißnähte-mm Schweißnahthauptsp.-N/cm^2
------------------------------------------------------------------------
   1      10.00     60.00        8.00                   809
   2      30.00     20.00        8.00                   289
   3      40.00     10.00        8.00                   568
   4      45.00     40.00        0.00
```

## 3-3 Geschweißte Konsole

```
10 REM PRG3-3
20 REM 1.12.84
30 REM
40 REM Programmsystem : Maschinenelemente
50 REM Programm : Geschweißte Konsole
60 REM ----------( Eingabe )----------
70 HOME
80 INPUT "Kraftangriffsabstand (mm) l = ";L
90 INPUT "Steghöhe (mm)            h = ";H
100 INPUT "Anschlußbreite (mm)      b = ";B
110 INPUT "Schweißnaht (mm)         a = ";A
120 INPUT "Belastungskraft (N)      F = ";F
130 INPUT "Mit Innennaht (J/N) : ";A$
140 REM ----------( Berechnung )----------
150 T=F*(L-B/2)
160 IF A$<>"J" GOTO 200
170 WT=2*A*(B+A)*(H+A)
180 FL=A*(2*B+2*H)
```

```
190 GOTO 220
200 WT=A^2*(2*B+H)/3
210 FL=A*(2*B+H)
220 TT=T/WT
230 TA=F/FL
240 TR=TT+TA
250 REM ----------( Ausgabe )----------
260 PRINT
270 PRINT "res.Schubspannung (N/mm^2)  = ";TR
```

## 4-1 Steifigkeit einer Schraube

```
10 REM PRG4-1
20 REM 1.12.84 Harald Nahrstedt
30 REM Programmsystem : Maschinenelemente
40 REM Programm : Federsteifigkeit einer Schraube
50 REM ----------( Starteingaben )----------
60 HOME
70 INPUT "E-Modul der Schraube (N/mm^2) : ",ES
80 I=0
90 REM ----------( Eingaben zur Berechnungsschleife )----------
100 REM Eingabe der Maße zum Schraubenteil mit gleichem Spannungsquerschnitt
110 I=I+1
120 PRINT "   Schraubenteil Nr. : ";I
130 INPUT "      Spannungsdurchmesser (mm)    : ",DS
140 IF DS=0 GOTO 200
150 INPUT "      zugehörige Teillänge (mm)    : ",LS
160 AS=DS^2*3.14159/4
170 PRINT "      Spannungsquerschnitt (mm^2) : ";AS
180 SUM=SUM+LS/AS
190 GOTO 110
200 REM ----------( Berechnungsende )----------
210 CS=ES/SUM
220 PRINT "Schrauben - Federkonstante (N/mm) : ";CS
```

## 4-2 Steifigkeit verspannter Teile

```
10 REM PRG4-2
20 REM 1.12.84 Harald Nahrstedt
30 REM Programmsystem : Maschinenelemente
40 REM Programm : Federsteifigkeit verspannter Teile
50 REM ----------< Eingaben >----------
60 HOME
70 INPUT "E-Modul der Teile (N/mm^2) : ",ET
80 INPUT "Materialkonstante a : ",A
90 INPUT "Klemmlänge (mm) : ";KL
100 INPUT "Durchmesser des Verformungsbereichs DA (mm) : ",DV
110 INPUT "Lochdurchmesser DB (mm) : ",DB
120 INPUT "Auflagedurchmesser da (mm) : ",DA
130 REM -----------< Berechnung >----------
140 IF DV>=3*DA THEN 200
150 IF DV>=DA THEN 180
160 AZ=3.14159/4*(DV^2-DB^2)
170 GOTO 210
180 AZ=3.14159/4*(DA^2-DB^2)+3.14159/8*(DV/DA-1)*(DA*KL/5+KL^2/A^2)
190 GOTO 210
200 AZ=3.14159/4*((DA+KL/A)^2-DB^2)
205 DZ=SQR(4*AZ/3.14159)
210 CT=AZ*ET/KL
220 REM ----------< Ausgabe >----------
230 PRINT
240 PRINT "Ersatzzylinder-Fläche (mm^2) : ";AZ
250 PRINT "Ersatzzylinder-Durchmesser (mm) : ";DZ
260 PRINT "Federsteifigkeit CT (N/mm) : ";CT
```

## 4-3 Schraubenberechnung

```
10 REM PRG4-3
20 REM 1.12.84 Harald Nahrstedt
30 REM Programmsystem : Maschinenelemente
40 REM Programm : Schraubenberechnung
50 REM ----------< Eingaben >----------
60 HOME
70 INPUT "Vorwahl : Schraubendurchmesser (mm)      : ",D
80 INPUT "Betriebskraft (kN) .................... : ",FB
90 INPUT "Krafteinleitungsfaktor q .............. : ",Q
100 INPUT "Federsteifigkeit der Schraube cs (N/mm) : ",CS
110 INPUT "Federsteifigkeit der Teile ct (N/mm)    : ",CT
120 INPUT "Klemmkraft (kN) ....................... : ",FK
```

```
130 INPUT "Setzbetrag (mm) ........................ : ",FZ
140 INPUT "Spannkraft (kN) ........................ : ",FS
150 INPUT "Anziehfaktor ........................... : ",KA
160 REM ----------< Berechnung 1.Teil >----------
170 X1=CS/(CS+CT)
180 X2=Q*X1
190 DFV=FZ*X2*CT
200 FVM=KA*(FK+FB*(1-X2)+DFV/1000)
210 IF FVM<=FS THEN 280
220 PRINT "-----------------------------------------------"
230 PRINT "Achtung ! Vorwahl - Parameter verändern !"
240 PRINT "-----------------------------------------------"
250 PRINT "Neuer Start mit <RETURN> ";
260 GET V$
270 GOTO 50
280 REM ----------< Berechnung 2.Teil >----------
290 INPUT "Flankendurchmesser (mm) ................ : ",FLD
300 INPUT "Durchmesser des Durchgangsloches (mm)    : ",DB
310 INPUT "Steigungswinkel (rad.) ................. : ",STW
320 INPUT "Gesamtreibungszahl ..................... : ",GRZ
330 MA=.5*FVM*FLD*(GRZ*(1+(1.5*D+DB)/(2*FLD))+TAN(STW))
340 PRINT "-----------------------------------------------"
350 PRINT "Anzugsmoment (Nm) : ";MA
360 PRINT "-----------------------------------------------"
```

## 4-4 Verbindungsfelder

```
10 REM PRG4-4
20 REM 1.12.84 Harald Nahrstedt
30 REM Programmsystem : Maschinenelemente
40 REM Programm : Verbindungsfelder
50 HOME
60 REM ----------< Eingabe der Feldelemente >----------
70 INPUT "Anzahl der Feldelemente .................. : ",N
80 DIM A(N),X(N),Y(N),AB(N),AL(N)
90 FOR I=1 TO N
100    PRINT "   ";I;"-tes Element :"
110    INPUT "   Querschnittsfläche (mm^2) .............. : ",A(I)
120    INPUT "   Abstand zur x-Achse (mm) ............... : ",X(I)
130    INPUT "   Abstand zur y-Achse (mm) ............... : ",Y(I)
140    SA=SA+A(I)
150    AX=AX+A(I)*X(I)
160    AY=AY+A(I)*Y(I)
170 NEXT I
```

```
180 REM ----------< Scherpunktsabstände >----------
190 XS=AX/SA
200 YS=AY/SA
210 PRINT "Schwerpunktsabstand zur x-Achse (mm) ..... : ";XS
220 PRINT "Schwerpunktsabstand zur y-Achse (mm) ..... : ";YS
230 REM ----------< Abstände und Winkel >----------
240 PRINT "Koeffizienten der Geradengleichung Ax+By+C=0"
250 PRINT "zur Beschreibung der Biegelinie :"
260 INPUT "Koeffizient A ........................... : ",A
270 INPUT "Koeffizient B ........................... : ",B
280 INPUT "Koeffizient C ........................... : ",C
290 FOR I=1 TO N
300    AB(I)=SQR((XS-X(I))^2+(YS-Y(I))^2)
310    AL(I)=(A*X(I)+B*Y(I)+C)/SQR(A^2+B^2)
320    SQ=SQ+A(I)*AB(I)^2
330 NEXT I
340 REM ----------< Feldangaben >----------
350 INPUT "Feldform < K > = kreisf./< R > = reihenf.  : ",F$
360 INPUT "Biegemoment (Nmm) ....................... : ",MB
370 INPUT "Einleitung des Biegemomentes (mm) ........ : ",L
380 INPUT "Torsionsmoment (Nmm) .................... : ",T
390 IF F$="K" THEN GOSUB 510
400 IF F$="R" THEN GOSUB 630
410 PRINT "---------------------------------------------------------"
420 INPUT "Ausgabe der Belastung für Element Nr. .... : ",I
430 IF I=0 THEN END
440 W1=1/A(I)*SQ
450 F1=T*A(I)/W1
460 PRINT "Belastung aus der Torsion (N) ........... : ";F1
470 W2=(IA+E^2*AJ)/(E+AL(I))
480 F2=MB*A(I)/W2
490 PRINT "Belastung aus der Biegung (N) ........... : ";F2
500 GOTO 420
510 REM ----------< kreisförmiges Feld >----------
520 PRINT "Parameter des kreisförmigen Feldes :"
530 INPUT "Außenradius (mm) ........................ : ",RA
540 INPUT "Innenradius (mm) ........................ : ",RI
550 INPUT "Verbindungsradius (mm) .................. : ",RV
560 GOSUB 710
570 RF=(RA+RI)/2
580 BF=RA-RI
590 BV=(C1+C2)*N*L/(2*EM*3.14159*RV)
600 E=SQR(1+(24*BF*BV*(RF+RV)^2-2*(BF^3-BV^3)*(BF-BV))/(3*(RF*BF+RV*BV)^2))
610 E=2*(RF*BF+RV*BV)/(BF-BV)*(1-E/3)
620 RETURN
```

```
630 REM ----------( reihenförmiges Feld )----------
640 INPUT "Feldbreite (mm) ......................... : ",H
650 INPUT "Mittenabstand (mm) ...................... : ",A
660 INPUT "Teilung (mm) ............................ : ",T
670 GOSUB 710
680 AV=(C1+C2)*N*L/EM
690 E=H/2*(1-2*AV/(H*T)*(SQR(1+T*H/AV*(1+2*A/H))-1))
700 RETURN
710 REM ----------( Unterpr. Eingabe Feldform )----------
720 INPUT "Federsteifigkeit 1.Flansch (N/mm) ........ : ",C1
730 INPUT "Federsteifigkeit 2.Flansch (N/mm) ........ : ",C2
740 INPUT "E-Modul der verspannten Teile (N/mm^2) ... : ",EM
750 INPUT "Flächenträgheitsmoment (Element mm^4) .... : ",IA
760 RETURN
```

## 5-1 Drahtdurchmesser einer Druckfeder

```
10 REM PRG5-1
20 REM 1.12.84 Harald Nahrstedt
30 REM Programmsystem : Maschinenelemente
40 REM Programm : Drahtdurchmesser einer Druckfeder
50 REM ----------( Eingaben )----------
60 HOME
70 INPUT "Federeinbaukraft (N) ........... : ",F1
80 INPUT "Federweg (mm) .................. : ",S
90 INPUT "äußerer Windungsdurchmesser (mm) : ",DA
100 INPUT "Drahtdurchmesser/Startwert (mm)  : ",D
110 INPUT "Beiwert k ...................... : ",K
120 INPUT "Federrate R (N/mm) ............. : ",R
130 F2=F1+S*R
140 PRINT "Federkraft bei Belastung ....... : ";F2;" N"
150 REM ----------( Programmschleife )----------
160 PRINT "berechneter Drahtdurchm. (mm)    : ",D
170 INPUT "zul. Verdrehspannung (N/mm^2)    : ",TI
180 IF TI=0 GOTO 240
190 DM=DA-D
200 D0=D
210 D=(K*3.14159/8*F2*DM/TI)^(1/3)
220 IF ABS(D-D0)>.00001 GOTO 190
230 GOTO 160
240 REM ----------( Endausgabe )----------
250 PRINT "--------------------------------------------------"
260 PRINT "errechneter Drahtdurchmesser ... : ";D;" mm"
270 INPUT "Gleitmodul der Feder (N/mm^2)    : ",G
```

```
280 W=DM/D
290 PRINT "Wickelverhältnis ............... : ";W
300 INPUT "Faktor x nach Tabelle .......... : ",X
310 I=INT(G*D^4*S/8/DM^3/F2+1)
320 PRINT "Anzahl federnder Windungen ..... : ";I
330 IG=I+2
340 PRINT "Gesamtwindungszahl ............. : ";IG
350 LB=IG*D
360 PRINT "Blocklänge ..................... : ";LB;" mm"
370 SA=X*D*I
380 PRINT "Summe der Mindestabstände ...... : ";SA;" mm"
390 L=LB+SA
400 PRINT "Länge der unbelastetet Feder ... : ";L;" mm"
410 PRINT "---------------------------------------------------"
```

## 5-2 Gauß-Jordan-Verfahren

```
10 REM PRG5-0
20 REM 1.12.84 Harald Nahrstedt
30 REM Programmsystem : Maschinenelemente
40 REM Programm : Gauß-Jordan-Verfahren
50 REM ----------< Eingabe >----------
60 HOME
70 INPUT "Anzahl der Gleichungen : ",N
80 PRINT "Koeffizienten :"
90 DIM A(N,N+1)
100 FOR I=1 TO N
110    FOR J=1 TO N+1
120       PRINT "a(";I;",";J;") = ";
130       INPUT "",A(I,J)
140    NEXT J
150 NEXT I
160 REM ----------< Berechnung >----------
170 FOR K=1 TO N
180    I=K-1
190    I=I+1
200       IF A(I,K)<>0 GOTO 240
210    IF I<N GOTO 190
220    PRINT "Achtung ! Singuläre Koeffizientenmatrix !"
230    END
240    FOR J=K TO N+1
250       A=A(K,J)
260       A(K,J)=A(I,J)
270       A(I,J)=A
```

```
280    NEXT J
290    A=1/A(K,K)
300    FOR J=K TO N+1
310       A(K,J)=A(K,J)*A
320    NEXT J
330    FOR I=1 TO N
340       IF I=K THEN 390
350       A=-A(I,K)
360       FOR J=K TO N+1
370          A(I,J)=A(I,J)+A(K,J)*A
380       NEXT J
390    NEXT I
400 NEXT K
410 REM ----------< Ausgabe >----------
420 PRINT "Lösung :"
430 FOR I=1 TO N
440    PRINT "a(";I;") =";A(I,N+1)
450 NEXT I
```

## 5-3 Feder mit min. Raum

```
10 REM PRG5-2
20 REM 1.12.84 Harald Nahrstedt
30 REM Programmsystem : Maschinenelemente
40 REM Programm :
50 HOME
60 REM ----------< Eingabe >----------
70 INPUT "Durchmesser-Einbauraum (mm) ........... : ",DA
80 INPUT "Höhe-Einbauraum (mm) .................. : ",HE
90 INPUT "Federweg (mm) ......................... : ",FW
100 INPUT "Federkraft (N) ........................ : ",FF
110 INPUT "E-Modul der Feder (N/mm^2) ............ : ",EM
120 INPUT "Zul. Schubbeanspruchung (N/mm^2) ...... : ",TI
130 REM ----------< Berechnung >----------
140 VE=DA^2*3.14159/4*HE
150 WK=(.552*3.14159*VE*TI/(FW*FF*EM))^5
160 K=2*WK^-.25
170 D=(8*K*FF*WK/(3.14159*TI))^.5
180 I=FW*EM*D/(8*FF*WK^3)
190 DM=WK*D
200 REM ----------< Ausgabe >----------
210 PRINT "Anzahl federnder Windungen ............ : ";I
220 PRINT "Wickelverhältnis ...................... : ";WK
230 PRINT "Drahtdurchmesser (mm) ................. : ";D
240 PRINT "Mittlerer Federdurchmesser (mm) ....... : ";DM
```

## 5-4 Gedämpfte Schwingung

```
10 REM PR65-3
20 REM 1.12.84 Harald Nahrstedt
30 REM Programmsystem : Maschinenelemente
40 REM Programm : Gedämpfte Schwingung
50 REM ----------( Eingabe )----------
60 HOME
70 INPUT "Schwingende Masse (kg) ........... : ",M0
80 INPUT "Federmasse (kg) .................. : ",M1
90 INPUT "Federrate (N/mm) ................. : ",R
100 INPUT "Dämpfungskonstante (kg/s) ....... : ",D
110 INPUT "Startauslenkung (mm) ............ : ",S0
120 INPUT "Ausgangsgeschwindigkeit (mm/s) .. : ",V0
130 INPUT "Ausgangszeitpunkt (Sek.) ........ : ",T
140 INPUT "Zeitschritt (Sek.) .............. : ",DT
150 REM ----------( Berechnungsschleife )----------
160 DV=-DT*(R/(M0+M1/3)*S0+2*D*V0)
170 V1=V0+DV
180 DS=(V0+V1)/2*DT
190 S1=S0+DS
200 T1=T0+DT
210 PRINT "s=";S0;"     v=";V1;"     t=";T1
220 S0=S1
230 V0=V1
240 T0=T1
250 GOTO 160
```

## 5-5 Tellerfederkombination

```
10 REM PRG5-4
20 REM 1.12.84 Harald Nahrstedt
30 REM Programmsystem : Maschinenelemente
40 REM Programm : Tellerfederkombinationen
50 REM ----------( Eingabe )----------
60 HOME
70 INPUT "Außendurchmesser (mm) ................ : ",DE
80 INPUT "Innendurchmesser (mm) ................ : ",DI
90 INPUT "Federdicke (mm) ...................... : ",T
100 INPUT "Gesamtfederweg (mm) .................. : ",H0
110 INPUT "Anzahl der Federsäulen ............... : ",I
120 INPUT "Anzahl der Federn je Paket ........... : ",N
130 INPUT "Reibungskoeffizient .................. : ",MY
140 REM ----------( Startberechnungen )----------
150 D=DE/DI
160 K1=1/3.14159*((D-1)/D)^2/((D+1)/(D-1)-2/LOG(D))
170 DS=H0/10
180 SK=0
190 FG0=0:FB0=0:FE0=0
200 SW=0:SWB=0:SWE=0
210 REM ----------( Berechnungsschleife )----------
220 SK=SK+DS
230 SKI=SK/I
240 FKI=905495!*SKI*T/K1/DE^2*((H0-SKI)*(H0-SKI/2)+T^2)
250 FGI=N*FKI
260 FBI=N*FKI/(1-2*T*MY*(N-1)/(DE-DI))
270 FEI=N*FKI/(1+2*T*MY*(N-1)/(DE-DI))
280 FG1=I*FGI
290 FB1=I*FBI
300 FE1=I*FEI
310 SW=SW+(FG0+FG1)/2*DS
320 SWB=SWB+(FB0+FB1)/2*DS
330 SWE=SWE+(FE0+FE1)/2*DS
340 PRINT "Federweg = ";SK
350 PRINT "Gesamtfederkraft = ";FG1;" N"
360 PRINT "Belastungskraft  = ";FB1;" N"
370 PRINT "Entlastungskraft = ";FE1;" N"
380 FG0=FG1:FB0=FB1:FE0=FE1
390 IF SK<H0 GOTO 220
400 REM ----------( Endausgabe )----------
410 PRINT "----------------------------------------"
420 PRINT "Gesamtfederarbeit = ";SW/1000;" Nm"
430 PRINT "Belastungsarbeit  = ";SWB/1000;" Nm"
440 PRINT "Entlastungsarbeit = ";SWE/1000;" Nm"
450 PRINT "Reibungsarbeit    = ";(SWB-SWE)/1000;" Nm"
```

## 6-1 Durchbiegung von Achsen und Wellen

```
10 REM PR66-1
20 REM 1.12.84 Harald Nahrstedt
30 REM Programmsystem : Maschinenelemente
40 REM Programm : Durchbiegung von Achsen und Wellen
50 REM ----------( Eingabe )----------
60 HOME
70 DIM DX(500),DA(500)
80 INPUT "E-Modul (N/mm^2) ............ : ",E
90 INPUT "Anzahl der Einzelkräfte ..... : ",IE
100 INPUT "Anzahl der Momente .......... : ",IM
110 INPUT "Anzahl der Streckenlasten     : ",IQ
120 REM ----------( Eingabe der Einzelkräfte )----------
130 IF IE=0 GOTO 190
140 FOR I=1 TO IE
150    PRINT I;"-te Einzelkraft :"
160    INPUT "   Kraftgröße (N) ........... : ",F(I)
170    INPUT "   Angriffspunkt (mm) ....... : ",LF(I)
180 NEXT I
190 REM ----------( Eingabe der Momente )----------
200 IF IM=0 GOTO 260
210 FOR I=1 TO IM
220    PRINT I;"-te Momente :"
230    INPUT "   Momentgröße (Nmm) ........ : ",M(I)
240    INPUT "   Angriffspunkt (mm) ....... : ",LM(I)
250 NEXT I
260 REM ----------( Eingabe der Streckenlasten )----------
270 IF IQ=0 GOTO 340
280 FOR I=1 TO IQ
290    PRINT I;"-te Streckenlast :"
300    INPUT "   Lastgröße (N/mm) ......... : ",Q(I)
310    INPUT "   Anfang der Last (mm) ..... : ",LQ1(I)
320    INPUT "   Ende der Last (mm) ....... : ",LQ2(I)
330 NEXT I
340 REM ----------( Berechnung des vorh. Momentes )----------
350 X=0
360 M0=0:M1=0
370 IF IE=0 GOTO 420
380 FOR I=1 TO IE
390    IF X>=LF(I) GOTO 410
400    M1=M1+F(I)*(LF(I)-X)
410 NEXT I
420 IF IM=0 GOTO 470
430 FOR I=1 TO IM
440    IF X>=LM(I) GOTO 460
```

```
450    M1=M1+M(I)
460 NEXT I
470 IF IQ=0 GOTO 530
480 FOR I=1 TO IQ
490    IF X>=LQ2(I) GOTO 520
500    IF X>=LQ1(I) THEN M1=M1+Q(I)*(LQ2(I)-X)*((LQ2(I)+X)/2-X):GOTO 520
510    M1=M1+Q(I)*(LQ2(I)-LQ1(I))*((LQ2(I)+LQ1(I))/2-X)
520 NEXT I
530 IF X=0 GOTO 680
540 MJ=(M0+M1)/2
550 DA(J)=MJ*DX(J)/IJ/E
560 DFJ=DX(J)/2*DA(J)
570 IF X=DX(J) GOTO 650
580 FOR K=1 TO J-1
590    SDX=DX(K)/2
600    FOR L=K+1 TO J
610       SDX=SDX+DX(L)
620    NEXT L
630    DFJ=DFJ+SDX*DA(K)
640 NEXT K
650 PRINT "Abstand (mm) ................ : ";X
660 PRINT "Winkelabweichung (Grad) ..... : ";DA(J)
670 PRINT "Durchbiegung (mm) ........... : ";DFJ
680 J=J+1
690 PRINT "-----------------------------------------------------"
700 INPUT "Schrittweite (mm) ........... : ";DX(J)
710 IF DX(J)>0 GOTO 750
720 INPUT "Flächenträgheitsmoment (mm^4) : ";IJ
730 IF IJ=0 THEN END
740 GOTO 700
750 X=X+DX(J)
760 M0=M1
770 GOTO 370
```

## 6-2 Kritische Drehzahl

```
10 REM PR66-2
20 REM 1.12.84 Harald Nahrstedt
30 REM Programmsystem : Maschinenelemente
40 REM Programm : Kritische Drehzahl
50 REM ----------< Eingabe >----------
60 HOME
70 INPUT "Einspannlänge der Welle (mm) : ",L
80 INPUT "Wellendurchmesser (mm) ..... : ",D
90 INPUT "Elastizitätsmodul (N/mm^2)   : ",E
100 INPUT "Materialdichte (kg/dm^3)    : ",MD
110 REM ----------< Berechnung >----------
120 A=D^2*3.14159/4
130 I=D^4*3.14159/64
140 WK=3.14159^2/L^2*SQR(E*I/MD/A*1E+09)
150 J=0
160 REM ---< Berechng.schleife >---
170 J=J+1
180 PRINT J;"-te Masse : "
190 INPUT "Masse (kg) (0=Ende) ....... : ",MI
200 IF MI=0 GOTO 250
210 INPUT "Federrate (N/mm) .......... : ",RI
220 WI=SQR(RI/MI*1000)
230 SW=SW+1/WI
240 GOTO 170
250 REM ----------< Endausgabe >----------
260 SW=SW+1/WK
270 W=1/SW
280 PRINT "------------------------------------"
290 PRINT "kritische Drehzahl : ";W;" 1/s"
```

## 6-3 Drehschwingung

```
10 REM PRG6-3
20 REM 1.12.84 Harald Nahrstedt
30 REM Programmsystem : Maschinenelemente
40 REM Programm : Drehschwingung
50 REM ----------< Eingabeschleife >----------
60 HOME
70 I=0
80 I=I+1
90 PRINT I;"-tes Wellenstück :"
100 INPUT "Schubmodul (N/mm^2) ................. : ";G
110 IF G=0 GOTO 170
120 INPUT "Wellenlänge (mm) .................... : ";L
130 INPUT "polares Flächenträgheitsmoment (mm^4) : ";IP
140 SU=SU+L/G/IP
150 GOTO 80
160 REM ----------< Starteingaben zur Berechnungsschleife >----------
170 INPUT "Massenträgheitsmoment (kgm^2) ....... : ";ID
180 INPUT "Zeitschritt zur Simulation (Sek.) ... : ",DT
190 INPUT "Auslegung (Bogenmaß) ................ : ",P0
200 INPUT "Winkelgeschwindigkeit (1/Sek./Start)  : ",W0
210 REM ----------< Berechnungsschleife >----------
220 DW=-1/SU*P0/ID*DT/1000
230 W1=W0+DW
240 DP=(W0+W1)/2*DT
250 P1=P0+DP
260 T=T+DT
270 PRINT "t=";T;"     w=";W1;"     p=";P1
280 W0=W1:P0=P1
290 GOTO 220
```

## 7-1 Preßverbindung

```
10 REM PRG7-1
20 REM 1.12.84 Harald Nahrstedt
30 REM Programmsystem : Maschinenelemente
40 REM Programm : Preßverbindung
50 REM ----------< Eingabeschleife >----------
60 HOME
70 INPUT "äußerer Durchmesser (mm) .............. : ",DA
80 INPUT "innerer Durchmesser (mm) .............. : ",DI
90 INPUT "Fügelänge (mm) ........................ : ",LF
100 INPUT "zul.Druckspannung außen (N/mm^2) ...... : ",SA
110 INPUT "zul.Druckspannung innen (N/mm^2) ...... : ",SI
120 INPUT "Haftbeiwert .......................... : ",NY
130 REM ----------< Berechnung >----------
140 C=SI/SA
150 Q=DI/DA
160 REM ----------< Bisektions-Methode >----------
170 Q0=Q
180 Q1=1
190 Q2=(Q0+Q1)/2
200 F=(1-Q2^2)/SQR(3+Q2^4)-C/2*(1-(Q/Q2)^2)
210 IF ABS(F)<.00001 GOTO 240
220 IF F<0 THEN Q1=Q2 ELSE Q0=Q2
230 GOTO 190
240 REM ----------< Abschlußberechnungen >----------
250 QA0=Q1
260 QI0=Q/QA0
270 DF=QA0*DA
280 P0=(1-QA0^2)/SQR(3+QA0^4)*SA
290 F0=DF*3.14159*LF*P0*NY
300 M0=3.14159/2*DF^2*LF*P0*NY
310 REM ----------< Ausgabe >----------
320 PRINT "optimaler Fugendurchmesser : ";DF;" mm"
330 PRINT "vorhandene Fugenpressung   : ";P0;" N/mm^2"
340 PRINT "übertragbare Axialkraft    : ";F0/1000;" kN"
350 PRINT "übertragbares Drehmoment   : ";M0/1E+06;" kNm"
```

## 7-2 Klemmverbindung

```
10 REM PRG7-2
20 REM 1.12.84 Harald Nahrstedt
30 REM Programmsystem : Maschinenelemente
40 REM Programm : Klemmverbindung
50 HOME
60 REM ----------< Eingabe >----------
70 INPUT "Klemmdurchmesser (mm) .................. : ",D
80 INPUT "Reibwert ................................ : ",MU
90 INPUT "max.zul.Flächenpressung (N/mm^2) ....... : ",PZU
100 INPUT "Torsionsmoment (Nmm) ................... : ",T
110 REM ----------< Berechnung >----------
120 F=T/(D*MU)
130 L=F/(D*PZU)
140 INPUT "Nabe geteilt : < J > = ja / < N > = nein : ",A$
150 IF A$<>"J" GOTO 180
160 FK=F/2
170 GOTO 210
180 INPUT "Klemmabstand l1 (mm) ................... : ",L1
190 INPUT "Klemmabstand l2 (mm) ................... : ",L2
200 FK=L2/L1*F
210 REM ----------< Ausgabe >----------
220 PRINT "Klemmlänge (mm) ........................ : ";L
230 PRINT "Normalkraft (N) ........................ : ";F
240 PRINT "Klemmkraft (N) ......................... : ";FK
```

## 7-3 Keilverbindung

```
10 REM PRG7-3
20 REM 1.12.84 Harald Nahrstedt
30 REM Programmsystem : Maschinenelemente
40 REM Programm : Keilverbindung
50 HOME
60 REM ----------< Eingabe >----------
70 INPUT "Keilwinkel (grd) ........................ : ",AL
80 INPUT "Reibwert ................................ : ",MU
90 INPUT "Eintreibekraft (N) ...................... : ",FE
100 INPUT "Wellendurchmesser (mm) ................. : ",D
110 INPUT "Nuttiefe t1 (mm) ....................... : ",T1
120 INPUT "Keillänge (mm) ......................... : ",L
130 INPUT "Keilbreite (mm) ........................ : ",B
140 REM ----------< Berechnung >----------
```

```
150 AL=AL/180*3.14159
160 RH=ATN(MU)
170 FV=FE/(TAN(AL+RH)+TAN(RH))
180 FL=FV*(TAN(AL-RH)-TAN(RH))
190 T=MU*FV*(D-T1)
200 PV=FV/(L*B)
210 REM ----------< Ausgabe >----------
220 PRINT "Vorspannkraft (N) ...................... : ";FV
230 PRINT "Lösekraft (N) .......................... : ";FL
240 PRINT "Torsionsmoment (Nmm) ................... : ";T
250 PRINT "Flächenpressung (N/mm^2) ............... : ";PV
```

## 8-1 Umrechnung ev ($\alpha$) in $\alpha$

```
10 REM PRG8-1
20 REM 1.12.84 Harald Nahrstedt
30 REM Programmsystem : Maschinenelemente
40 REM Programm : Umrechnung ev a -> a
50 REM ----------< Eingabeschleife >----------
60 HOME
70 INPUT "Wert der Evolventenfunktion ev(..) : ",EVA
80 DA=5
90 A=0
100 A=A+DA
110 AB=A/180*3.14159
120 EVI=TAN(AB)-AB
130 IF EVI<EVA THEN 100
140 IF EVI=EVA GOTO 180
150 A=A-DA
160 DA=DA/10
170 IF DA>=.00001 GOTO 100
180 REM ----------< Ausgabe >----------
190 PRINT "zugehöriger Winkel (grd.) ........ : ";A
200 PRINT "                   (rad.) ........ : ";AB
```

## 8-2 Stirnradflankenbelastung

```
10 REM PRG8-2
20 REM 1.12.84 Harald Nahrstedt
30 REM Programmsystem : Maschinenelemente
40 REM Programm : Stirnradflankenbelastung
50 REM ----------( Definitionen )----------
60 DEF FN EV(X)=TAN(X)-X
70 GOTO 200
80 REM ----------( Unterprogramm Umrechnung )----------
90 DA=5
100 A=0
110 A=A+DA
120 AB=A/180*3.14159
130 EVI=TAN(AB)-AB
140 IF EVI<EVAB THEN 110
150 IF EVI=EVAB GOTO 190
160 A=A-DA
170 DA=DA/10
180 IF DA>=.00001 GOTO 110
190 RETURN
200 REM ----------( Eingabeschleife )----------
210 HOME
220 INPUT "E-Modul (N/mm^2) ........................ : ",EM
230 INPUT "Poisson-Zahl ............................ : ",NY
240 INPUT "Eingriffskraft (N) ...................... : ",F
250 INPUT "Eingriffswinkel (Grad) .................. : ",A0
260 INPUT "Eingriffsbreite (mm) .................... : ",B
270 INPUT "Profilverschiebung 1.Rad ................ : ",X1
280 INPUT "Profilverschiebung 2.Rad ................ : ",X2
290 INPUT "Modul ................................... : ",M
300 INPUT "Zähnezahl 1.Rad ......................... : ",Z1
310 INPUT "Zähnezahl 2.Rad ......................... : ",Z2
320 REM ----------( Berechnung )----------
330 R01=M*Z1
340 R02=M*Z2
350 EVAB=FN EV(A0/180*3.14159)+2*(X1+X2)/(Z1+Z2)*TAN(A0/180*3.14159)
360 GOSUB 80
370 RB1=R01*COS(A0/180*3.14159)/COS(AB)
380 RB2=R02*COS(A0/180*3.14159)/COS(AB)
390 AS=(R01+R02)*COS(A0/180*3.14159)/COS(AB)
400 R1=R01*SIN(AB)
410 R2=R02*SIN(AB)
420 R=R1*R2/(R1+R2)
430 SIG=SQR(F*EM/(3.14159*(1-NY^2)*2*R*B))
```

```
440 REM ----------( Ausgabe )----------
450 PRINT "----------------------------------------------------------"
460 PRINT "Teilkreisradius 1.Rad .................. : ";R01;" mm"
470 PRINT "Teilkreisradius 2.Rad .................. : ";R02;" mm"
480 PRINT "Betriebskreisradius 1.Rad .............. : ";RB1;" mm"
490 PRINT "Betriebskreisradius 2.Rad .............. : ";RB2;" mm"
500 PRINT "Achsabstand ............................ : ";AS;" mm"
510 PRINT "Oberflächenspannung .................... : ";SIG;" N/mm^2"
```

## 8-3 Schneckentrieb

```
10 REM PRG8-3
20 REM 1.12.84 Harald Nahrstedt
30 REM Programmsystem : Maschinenelemente
40 REM Programm : Schneckentrieb
50 REM ----------( Eingabe )----------
60 HOME
70 INPUT "E-Modul (N/mm^2) ...................... : ",EM
80 INPUT "Kraftkomponente x-Achse (N) ........... : ",FX
90 INPUT "Kraftkomponente y-Achse (N) ........... : ",FY
100 INPUT "Kraftkomponente z-Achse (N) ........... : ",FZ
110 INPUT "Lagerabstand x (mm) ................... : ",X
120 INPUT "Lagerabstand z (mm) ................... : ",Z
130 INPUT "Wälzradius Schnecke (mm) .............. : ",R1
140 INPUT "Wälzradius Schneckenrad (mm) .......... : ",R2
150 INPUT "Wellendurchmesser (mm) ................ : ",D
160 I=3.14159/32*D^4
170 REM ----------( Berechnung )----------
180 F1Y=FY/2-R1/X*FX
190 F1Z=FZ/2
200 F1R=SQR(F1Y^2+F1Z^2)
210 F2Y=FY/2+R1/X*FX
220 F2Z=FZ/2
230 F2R=SQR(F2Y^2+F2Z^2)
240 F3X=FX/2
250 F3Y=FY/2+R2/Z*FZ
260 F3R=SQR(F3X^2+F3Y^2)
270 F4X=FX/2
280 F4Y=FY/2-R2/Z*FZ
290 F4R=SQR(F4X^2+F4Y^2)
300 MBZ=X/4*FY+R1/Z*FX
310 MBY=X/4*FZ
320 MBR=SQR(MBZ^2+MBY^2)
330 SB=32*MBR/3.14159/D^3
```

```
340 SZD=4*FX/3.14159/D^2
350 TT=16*R1*FZ/3.14159/D^3
360 SV=SQR((SB+SZD)^2+2*TT^2)
370 UY=FY*X^3/48/EM/I
380 UZ=FZ*X^3/48/EM/I
390 UR=SQR(UY^2+UZ^2)
400 REM ----------( Ausgabe )----------
410 PRINT "Lagerbelastungen :"
420 PRINT "   1.Lager :"
430 PRINT "      y-Komponente  : ";F1Y;" N"
440 PRINT "      z-Komponente  : ";F1Z;" N"
450 PRINT "      Resultierende : ";F1R;" N"
460 PRINT "   2.Lager :"
470 PRINT "      y-Komponente  : ";F2Y;" N"
480 PRINT "      z-Komponente  : ";F2Z;" N"
490 PRINT "      Resultierende : ";F2R;" N"
500 PRINT "   3.Lager :"
510 PRINT "      x-Komponente  : ";F3X;" N"
520 PRINT "      y-Komponente  : ";F3Y;" N"
530 PRINT "      Resultierende : ";F3R;" N"
540 PRINT "   4.Lager :"
550 PRINT "      x-Komponente  : ";F4X;" N"
560 PRINT "      y-Komponente  : ";F4Y;" N"
570 PRINT "      Resultierende : ";F4R;" N"
580 PRINT "                                        Taste drücken für weiter";
590 GET A$:PRINT
600 PRINT "Biegemomente :"
610 PRINT "      z-Komponente  : ";MBZ;" Nmm"
620 PRINT "      y-Komponente  : ";MBY;" Nmm"
630 PRINT "      Resultierende : ";MBR;" Nmm"
640 PRINT "Spannungen :"
650 PRINT "      Biegung       : ";SB;" N/mm^2"
660 PRINT "      Zug/Druck     : ";SZD;" N/mm^2"
670 PRINT "      Torsion       : ";TT;" N/mm^2"
680 PRINT "      Vergleichssp. : ";SV;" N/mm^2"
690 PRINT "Durchbiegung :"
700 PRINT "      y-Komponente  : ";UY;" mm"
710 PRINT "      z-Komponente  : ";UZ;" mm"
720 PRINT "      Resultierende : ";UR;" mm"
```

## 8-4 Schraubradgetriebe

```
10 REM PRG8-4
20 REM 1.12.84 Harald Nahrstedt
30 REM Programmsystem : Maschinenelemente
40 REM Programm : Schraubradgetriebe
50 REM ----------( Eingabeschleife )----------
60 HOME
70 DEF FN ACOS(X)=-ATN(X/SQR(-X*X+1))+1.5707963#
80 F=3.14159/180:REM Umrechnung Grad > Bogenmaß
90 INPUT "übersetzung i .................... : ",I
100 INPUT "Zähnezahl 1.Rad .................. : ",Z1
110 INPUT "Achsabstand (mm) ................. : ",A0
120 INPUT "Achsenwinkel (Grad) .............. : ",AW
130 REM ----------( Berechnung )----------
140 Z2=I*Z1
150 D1=A0/SQR(I)
160 B2=ATN((2*A0/D1-1)/(I*SIN(AW*F))-1/TAN(AW*F))/F
170 B1=AW-B2
180 MN=D1*COS(B1*F)/Z1
190 PRINT "berechneter Normalmodul (mm) ..... : ";MN
200 INPUT "gewählter Normmodul (mm) ......... : ",MN
210 D1=MN*Z1/COS(B1*F)
220 D2=2*(A0-D1/2)
230 X2=I*D1*COS(B1*F)/D2
240 B2=FN ACOS(X2)/F
250 REM ----------( Ausgabe )----------
260 PRINT "Zähnezahl 2.Rad .................. : ";Z2
270 PRINT "Schrägungswinkel 1.Rad (Grad) .... : ";B1
280 PRINT "Schrägungswinkel 2.Rad (Grad) .... : ";B2
290 PRINT "Teilkreisdurchmesser 1.Rad (mm)    : ";D1
300 PRINT "Teilkreisdurchmesser 2.Rad (mm)    : ";D2
```

## 8-5 Lagererwärmung

```
10 REM PRG8-5
20 REM 1.12.84 Harald Nahrstedt
30 REM Programmsystem : Maschinenelemente
40 REM Programm : Lagererwärmung
50 HOME
60 REM ----------< Eingabe >----------
70 INPUT "Wärmeausdehnungskoeff. Welle (1E-6/grd) ...... : ",ALW
80 INPUT "Wärmeausdehnungskoeff. Lager (1E-6/grd) ...... : ",ALL
90 INPUT "Wärmeausdehnungskoeff. Gehäuse (1E-6/grd) .... : ",ALG
100 INPUT "Wellendurchmesser (mm) ...................... : ",DW
110 INPUT "Querschnittsfläche Lager (mm^2) ............. : ",AL
120 INPUT "Querschnittsfläche Gehäuse (mm^2) ........... : ",AG
130 INPUT "E-Modul Lager (N/mm^2) ...................... : ",EL
140 INPUT "E-Modul Gehäuse (N/mm^2) .................... : ",EG
150 INPUT "Temperaturerhöhung Welle (grd) .............. : ",TW
160 INPUT "Temperaturerhöhung Lager (grd) .............. : ",TL
170 INPUT "Temperaturerhöhung Gehäuse (grd) ............ : ",TG
180 REM ----------< Berechnung >----------
190 DS=DW*(ALW*.000001*TW-((AL*EL*ALL*.000001*TL+AG*EG*ALG*.000001*TG)/(AL*EL+AG*EG)))
200 REM ----------< Ausgabe >----------
210 PRINT "Spielveränderung (mm) ....................... : ";DS
```

## 8-6 Riemenlänge

```
10 REM PRG8-6
20 REM 1.12.84 Harald Nahrstedt
30 REM Programmsystem : Maschinenelemente
40 REM PROGRAMM : Riemenlänge
50 HOME
60 REM ----------< Definitionen >----------
70 DEF FN ASIN(X)=ATN(X/SQR(-X*X+1))
80 REM ----------< Eingabe >----------
90 INPUT "Anzahl der Achsen ........................ : ",N
100 DIM A(N+1,10)
110 FOR I=1 TO N
120    PRINT I;"-te Achse : "
130    INPUT "x-Koordinate (mm) ........................ : ",A(I,1)
140    INPUT "y-Koordinate (mm) ........................ : ",A(I,2)
150    INPUT "Scheibendurchmesser (mm) ................. : ",A(I,3)
160    INPUT "Drehrichtung (L=links,R=rechtsdrehend) ... : ",L$
170    IF L$<>"R" AND L$<>"L" GOTO 160
180    IF L$="R" THEN A(I,4)=1 ELSE A(I,4)=2
190 NEXT I
200 FOR I=1 TO 4
210    A(N+1,I)=A(1,I)
220 NEXT I
230 REM ----------< Berechnung >----------
240 FOR I=1 TO N
250    DY=A(I+1,2)-A(I,2)
260    DX=A(I+1,1)-A(I,1)
270    A(I,5)=ATN(DY/DX)
280    IF DX<0 AND DY>=0 THEN A(I,5)=3.14159-ABS(A(I,5))
290    IF DX<0 AND DY<0 THEN A(I,5)=3.14159+A(I,5)
300    IF DX>=0 AND DY<0 THEN A(I,5)=2*3.14159-A(I,5)
310    A(I,6)=SQR(DX^2+DY^2)
320    R1=A(I,3)/2:R2=A(I+1,3)/2
330    IF A(I,4)<>A(I+1,4) THEN X=R1+R2 ELSE X=R2-R1
340    A(I,7)=FN ASIN(X/A(I,6))
350    A(I,8)=A(I,6)*COS(A(I,7))
360    IF A(I,4)<>A(I+1,4) THEN 430
370    REM --- Gleiche Drehrichtung ---
380    IF A(I,4)=2 THEN W=A(I,5)-A(I,7)-3.14159/2 ELSE W=A(I,5)+A(I,7)+3.14159/2
390    IF W<0 THEN W=2*3.14159+W
400    IF W>2*3.14159 THEN W=W-2*3.14159
410    A(I,10)=W:A(I+1,9)=W
420    GOTO 500
430    REM --- Ungleiche Drehrichtung ---
```

```
440    IF A(I,4)=2 THEN W1=A(I,5)+A(I,7)-3.14159/2 ELSE W1=A(I,5)-A(I,7)+3.14159/2
450    IF W1<0 THEN W1=2*3.14159+W1
460    IF W1>2*3.14159 THEN W2=W2-2*3.14159
470    W2=W1+3.14159
480    IF W2>2*3.14159 THEN W2=W2-2*3.14159
490    A(I,10)=W1:A(I+1,9)=W2
500 NEXT I
510 A(1,9)=A(N+1,9)
520 GES=0
530 PRINT "----------------------------------------------------------------------------"
540 PRINT "Achse  gerade Länge (mm)  Umschlingungswinkel (grd.)  Umschlingungslänge (mm)"
550 PRINT "----------------------------------------------------------------------------"
560 FOR I=1 TO N
570    PRINT USING "##";I;
580    PRINT USING "         ####.##";A(I,8);
590    GES=GES+A(I,8)
600    PRINT USING "          ###.##";A(I,9)/3.14159*180;
610    PRINT USING "   ->    ###.##";A(I,10)/3.14159*180;
620    IF A(I,4)=2 THEN U=A(I,10)-A(I,9) ELSE U=A(I,9)-A(I,10)
630    IF U<0 AND A(I,4)=2 THEN U=2*3.14159-A(I,9)+A(I,10)
640    IF U<0 AND A(I,4)=1 THEN U=A(I,9)+2*3.14159-A(I,10)
650    B=U*A(I,3)/2
660    PRINT USING "         ####.##";B
670    GES=GES+B
680 NEXT I
690 PRINT "----------------------------------------------------------------------------"
700 PRINT USING "Gesamtlänge = #####.## mm";GES
```

## A-1 Menue
## Programm zum Aufruf von Benutzer-Programmen

```
10 REM MENUE
20 REM 1.12.84 Harald Nahrstedt
30 REM Programmsystem : Maschinenelemente
40 REM Programm : Verteiler zu den Programmen
50 REM ----------< Bildschirmaufbau >----------
60 RESET
70 HOME
80 V=-1
90 STRICH$=STRING$(80,"-")
100 PRINT"MASCHINENELEMENTE - BASIC"
110 PRINT"--- HARALD NAHRSTEDT ----"
120 VTAB 5:HTAB 35:PRINT "Menükarte"
130 PRINT STRICH$
140 OPEN "R",#1,"ABLAGE",40
150 FIELD #1,40 AS A$
160 GET #1,1
170 CLOSE #1
180 VTAB 2:HTAB 41:PRINT A$
190 VTAB 17:HTAB 1:PRINT STRICH$
200 VTAB 7:HTAB 1:PRINT "   Nutzung beenden ............... < A >"
210 PRINT "   Datum eingeben ................ < B >"
220 PRINT "   Disk gewechselt ............... < C >"
230 PRINT "   Gewichtsberechnung ............ < D >"
240 PRINT "   Geschweißter Biegeträger ...... < E >"
250 REM Hier weitere Programme angeben
260 VTAB 20:HTAB 1
270 PRINT "Achtung !"
280 PRINT "Bei Texteingaben kein Komma (sondern Semikolon oder Punkt) verwenden !"
290 PRINT "Bei Zahleneingaben kein Komma sondern Dezimalpunkt setzen !";
300 REM ----------< Verteiler >----------
310 VTAB 18:HTAB 1:PRINT "   Ihre Wahl ..................... < ? >"
320 Z=0
330 VTAB 18:HTAB 38:A$=INKEY$
340 Z=Z+1
350 IF Z=1000 THEN V=V*-1:IF V=1 THEN GOSUB 560:GOTO 320 ELSE GOTO 320
360 IF A$="" GOTO 330
370 PRINT A$
380 IF A$="A" THEN 480
390 IF A$="B" THEN 670
400 IF A$="C" THEN RESET:RUN "MENUE"
410 IF A$="?" THEN GOSUB 560
420 IF A$="*" THEN END
```

```
430 IF A$="D" THEN RUN "PRG1-2"
440 IF A$="E" THEN RUN "PRG3-2"
450 REM Hier weitere Programme aufrufen
460 BEEP 60,10
470 GOTO 330
480 REM ----------< Endabfrage >----------
490 VTAB 18:HTAB 42:PRINT "Systemende : ?"
500 VTAB 18:HTAB 55:GET A$
510 IF A$="?" THEN VTAB 18:HTAB 57:PRINT "< J > = ja, < N > = nein":GOTO 490
520 IF A$="J" THEN SYSTEM
530 VTAB 18:HTAB 21:PRINT "
540 BEEP 60,10
550 GOTO 310
560 REM ----------< Info >----------
570 VTAB 7
580 HTAB 41:PRINT "   Die Nutzung des Programmsystems wird"
590 HTAB 41:PRINT "   durch den Druck auf bestimmte Tasten"
600 HTAB 41:PRINT "   gesteuert. Eine Taste wird durch < >"
610 HTAB 41:PRINT "   gekennzeichnet.                     "
620 HTAB 41:PRINT "   < ESC > führt immer zurück          "
630 HTAB 41:PRINT "   <  <- > zeigt alten Speicherinhalt  "
640 HTAB 41:PRINT "   < ->  > übernimmt alten Speicherinh."
650 V=1
660 RETURN
670 REM ----------< Ewiger Kalender >----------
680 DATA Montag,Dienstag,Mittwoch,Donnerstag,Freitag,Samstag,Sonntag
690 DATA Januar,Februar,März,April,Mai,Juni
700 DATA Juli,August,September,Oktober,November,Dezember
710 VTAB 3:HTAB 41:PRINT BLANK$
720 VTAB 3:HTAB 41
730 PRINT"Datumseingabe : TTMMJJ"
740 VTAB 3:HTAB 57:GET T1$
750 PRINT T1$;
760 GET T2$
770 PRINT T2$;
780 TAG=VAL(T1$+T2$)
790 IF TAG<1 OR TAG>31 GOTO 720
800 TAG$=RIGHT$(STR$(TAG),LEN(STR$(TAG))-1)
810 IF LEFT$(TAG$,1)="0" THEN TAG$=RIGHT$(TAG$,LEN(TAG$)-1)
820 GET M1$
830 PRINT M1$;
840 GET M2$
850 PRINT M2$;
860 MONAT=VAL(M1$+M2$)
870 IF MONAT<1 OR MONAT>12 GOTO 720
```

```
880 GET J1$
890 PRINT J1$;
900 GET J2$
910 PRINT J2$;
920 JAHR=VAL(J1$+J2$)
930 JAHR$=RIGHT$(STR$(JAHR),LEN(STR$(JAHR))-1)
940 Z=0
950 IF MONAT <= 2 THEN 1020
960 IF JAHR/4 <> INT(JAHR/4) THEN 1000
970 IF JAHR/100 <> INT(JAHR/100) THEN 990
980 IF JAHR/400 <> INT(JAHR/400) THEN 1000
990 Z=1
1000 V=INT((306*MONAT-324)/10)
1010 GOTO 1030
1020 V=(MONAT-1)*31
1030 Z=Z+(JAHR-1)*365+INT((JAHR-1)/4)
1040 Z=Z-INT((JAHR-1)/100)+INT((JAHR-1)/400)
1050 S=Z+V+TAG
1060 R=S-INT(S/7)*7
1070 RESTORE 680
1080 FOR I=1 TO R+1:READ WOCHENTAG$:NEXT
1090 VTAB 3
1100 HTAB 40
1110 PRINT BLANK$
1120 RESTORE 690
1130 FOR I=1 TO MONAT:READ MONAT$:NEXT
1140 DATE$=LEFT$(WOCHENTAG$+",den "+TAG$+"."+MONAT$+" 19"+JAHR$+"                    ",40)
1150 RESET
1160 OPEN "R",#1,"B:ABLAGE",40
1170 FIELD #1,40 AS ABLAGE$
1180 LSET ABLAGE$=DATE$
1190 PUT#1,1
1200 CLOSE#1
1210 VTAB 2:HTAB 41:PRINT DATE$
1220 VTAB 3:HTAB 41:PRINT "                                      "
1230 GOTO 310
```

## A-2 Dokument
## Programm zur Dokumentation benutzter Variablennamen

```
10 REM DOKUMENT
20 REM 1.12.84 Harald Nahrstedt
30 REM Programmsystem : Maschinenelemente
40 REM Programm : Dokumentation benutzter Variablennamen
50 REM Level : Dialogorientierter Programmaufbau
60 DIM A$(1,2)
70 GOTO 220
80 REM ----------( Anzeige nach oben rollen )----------
90 FOR I=1 TO 9
100    ZEILE$(I)=ZEILE$(I+1)
110 NEXT I
120 ZEILE$(10)="                                                                      "
130 FOR I=1 TO 10
140    VTAB 6+I:HTAB 1
150    PRINT ZEILE$(I)
160 NEXT I
170 RETURN
180 REM ----------( Endezeichen )----------
190 ZEILE$(10)="                                      - $ -                           "
200 GOSUB 80
210 GOTO 400
220 REM ----------( Bildaufbau )----------
230 HOME
240 PRINT "MASCHINENELEMENTE - BASIC"
250 PRINT "----- DOKUMENTATION -----"
260 OPEN "R",#1,"ABLAGE",40
270 FIELD #1,40 AS TXT$
280 GET #1,1
290 CLOSE #1
300 VTAB 2:HTAB 40:PRINT TXT$
310 VTAB 4:HTAB 1
320 PRINT "-------------------------------------------------------------------------"
330 PRINT "Var.Name    Beschreibung"
340 PRINT "-------------------------------------------------------------------------"
350 VTAB 17:HTAB 1
360 PRINT "-------------------------------------------------------------------------"
370 REM ----------( Dateieröffnung )----------
380 OPEN "R",#2,"VARIABLE",70
390 FIELD #2,10 AS VAR$,60 AS BEZ$
400 REM ----------( Verteiler )----------
410 VTAB 18:HTAB 1:PRINT "Vorgang : ?                              "
420 VTAB 18:HTAB 11:GET V$
430 VTAB 18:HTAB 41:PRINT "                                        "
```

```
440 IF ASC(V$)=27 THEN RUN"MENUE"
450 IF V$="?" THEN 520
460 IF V$="E" THEN 580
470 IF V$="Z" THEN 980
480 IF V$="S" GOTO 1100
490 IF V$="D" GOTO 1590
500 VTAB 18:HTAB 41:PRINT "Eingabe fehlerhaft !                    "
510 GOTO 410
520 REM ----------< Info >----------
530 VTAB 20:HTAB 1:PRINT "< E > Eingabe"
540 PRINT "< Z > Zeigen"
550 PRINT "< S > Sortieren"
560 PRINT "< D > Drucken"
570 GOTO 400
580 REM ----------< Eingabe >----------
590 IF SATZ=0 THEN SATZ=1
600 SATZ$=RIGHT$("     "+STR$(SATZ),3)
610 VTAB 16:HTAB 1:PRINT "___"
620 VTAB 16:HTAB 1:GET A$
630 IF ASC(A$)=27 THEN MERKER=1:VTAB 16:HTAB 1:PRINT "      ":GOTO 180
640 IF ASC(A$)=8 THEN VTAB 16:HTAB 1:PRINT SATZ$:GOTO 620
650 IF ASC(A$)=9 OR ASC(A$)=21 GOTO 700
660 PRINT A$;
670 LINE INPUT B$
680 SATZ=VAL(A$+B$)
690 SATZ$=RIGHT$("     "+STR$(SATZ),3)
700 VTAB 16:HTAB 1:PRINT SATZ$
710 SATZ=VAL(SATZ$)
720 IF SATZ=0 GOTO 620
730 GET #2,SATZ
740 VTAB 16:HTAB 5:PRINT "__________"
750 VTAB 16:HTAB 5:GET A$
760 IF ASC(A$)=27 THEN VTAB 16:HTAB 5:PRINT "           ":GOTO 610
770 IF ASC(A$)=8 THEN VTAB 16:HTAB 5:PRINT VAR$:GOTO 750
780 IF ASC(A$)=9 OR ASC(A$)=21 GOTO 820
790 PRINT A$;
800 LINE INPUT B$
810 LSET VAR$=A$+B$
820 VTAB 16:HTAB 5:PRINT VAR$
830 VTAB 16:HTAB 16:PRINT "______________________________";
840 PRINT "______________________________"
850 VTAB 16:HTAB 16:GET A$
860 IF ASC(A$)=27 THEN VTAB 16:HTAB 16:
    PRINT "                                                            ":GOTO 740
870 IF ASC(A$)=8 THEN VTAB 16:HTAB 16:PRINT BEZ$:GOTO 850
```

```
880 IF ASC(A$)=9 OR ASC(A$)=21 GOTO 920
890 PRINT A$;
900 LINE INPUT B$
910 LSET BEZ$=A$+B$
920 VTAB 16:HTAB 16:PRINT BEZ$
930 PUT #2,SATZ
940 ZEILE$(10)=SATZ$+" "+VAR$+" "+BEZ$
950 GOSUB 80
960 SATZ=SATZ+1
970 GOTO 600
980 REM ----------< Zeigen >----------
990 VTAB 18:HTAB 11:PRINT "Zeigen    "
1000 SATZ=0:GET #2,1
1010 WHILE NOT EOF(2)
1020    SATZ=SATZ+1
1030    GET #2,SATZ
1040    IF ASC(VAR$)=0 OR ASC(VAR$)=32 THEN 1080
1050    SATZ$=RIGHT$("     "+STR$(SATZ),3)
1060    ZEILE$(10)=SATZ$+" "+VAR$+" "+BEZ$
1070    GOSUB 80
1080 WEND
1090 GOTO 180
1100 REM ----------< Sortieren >----------
1110 VTAB 18:HTAB 11:PRINT "Sortiert  "
1120 REM ---< Anzahl bestimmen >---
1130 I=0:GET #2,1
1140 WHILE NOT EOF(2)
1150    I=I+1
1160    VTAB 18:HTAB 11:PRINT USING "Liest     ###";I
1170    GET #2,I
1180 WEND
1190 REM ---< Sätze lesen >---
1200 N=I:J=0:ERASE A$:DIM A$(N,2)
1210 FOR I=1 TO N
1220    GET #2,I
1230    IF ASC(VAR$)=0 OR ASC(VAR$)=32 THEN 1280
1240    VTAB 18:HTAB 11:PRINT USING "Liest neu ###";I
1250    J=J+1
1260    A$(J,1)=VAR$
1270    A$(J,2)=STR$(I)
1280 NEXT I
1290 M=J
1300 REM ---< Quicksort >---
1310 FOR I1=1 TO M-1
1320    VTAB 18:HTAB 11:PRINT USING "Sortiert  ###";I1
```

```
1330    FOR I2=I1+1 TO M
1340       IF A$(I1,1)<=A$(I2,1) THEN 1370
1350       T$=A$(I1,1):A$(I1,1)=A$(I2,1):A$(I2,1)=T$
1360       T$=A$(I1,2):A$(I1,2)=A$(I2,2):A$(I2,2)=T$
1370    NEXT I2
1380 NEXT I1
1390 REM ---( Sichern )---
1400 OPEN "R",#3,"SICHERN",70
1410 FIELD #3,10 AS VARN$,60 AS BEZN$
1420 FOR I=1 TO M
1430    VTAB 18:HTAB 11:PRINT USING "Sichert   ###";I
1440    GET #2,VAL(A$(I,2))
1450    LSET VARN$=VAR$
1460    LSET BEZN$=BEZ$
1470    PUT #3,I
1480 NEXT I
1490 REM ---( Umspeichern )---
1500 FOR I=1 TO M
1510    VTAB 18:HTAB 11:PRINT USING "Speichert ###";I
1520    GET #3,I
1530    LSET VAR$=VARN$
1540    LSET BEZ$=BEZN$
1550    PUT #2,I
1560 NEXT I
1570 CLOSE #3:KILL"SICHERN"
1580 GOTO 980
1590 REM ----------( Druckausgabe )----------
1600 VTAB 18:HTAB 11:PRINT "Drucken   "
1610 BL=0
1620 GOSUB 1760
1630 ZL=0
1640 SATZ=0:GET #2,1
1650 WHILE NOT EOF(2)
1660    SATZ=SATZ+1
1670    GET #2,SATZ
1680    IF ASC(VAR$)=0 OR ASC(VAR$)=32 THEN 1740
1690    SATZ$=RIGHT$("     "+STR$(SATZ),5)
1700    LPRINT "        ";
1710    LPRINT VAR$;"  ";BEZ$
1720    ZL=ZL+1
1730    IF ZL>50 THEN GOSUB 2030 : GOSUB 1760
1740 WEND
1750 GOTO 400
1760 REM ----------( SBR/Blattkopf )----------
1770 LPRINT
```

```
1780 LPRINT "        --------------------------------------------------------------------------"
1790 LPRINT "                                     Harald Nahrstedt"
1800 LPRINT CHR$(14);
1810 LPRINT "         MASCHINENELEMENTE - BASIC"
1820 LPRINT CHR$(20);
1830 LPRINT "                         Vieweg Verlag - Braunschweig/Wiesbaden"
1840 LPRINT CHR$(15);
1850 LPRINT CHR$(18);
1860 LPRINT "        --------------------------------------------------------------------------"
1870 OPEN "R",#1,"ABLAGE",40
1880 FIELD #1,40 AS TXT$
1890 GET #1,1
1900 CLOSE #1
1910 BL=BL+1
1920 LPRINT "        ";TXT$;
1930 LPRINT "                    Blatt : ";
1940 LPRINT USING "####";BL
1950 LPRINT
1960 LPRINT CHR$(14);
1970 LPRINT "                       VARIABLENBELEGUNG"
1980 LPRINT CHR$(20);
1990 LPRINT
2000 LPRINT "        Variable    Beschreibung"
2010 LPRINT "        --------------------------------------------------------------------------"
2020 RETURN
2030 REM ----------< SBR/Blattende >----------
2040 LPRINT CHR$(18);
2050 LPRINT CHR$(20);
2060 FOR K=ZL TO 51
2070    LPRINT
2080 NEXT K
2090 LPRINT "        NAHRSTEDT MASCHINENELEMENTE - BASIC ------------------------------------"
2100 ZL=0
2110 LPRINT CHR$(12)
2120 RETURN
```

# Literaturverzeichnis


[1] *H. Roloff/W. Matek:* Maschinenelemente, Vieweg Verlag, Braunschweig/Wiesbaden, 1984

[2] *G. Niemann:* Maschinenelemente, Springer Verlag, Berlin/Heidelberg/New York, 1975

[3] *Tochtermann/Bodenstein:* Konstruktionselemente des Maschinenbaues, Springer Verlag, Berlin/Heidelberg/New York, 1968

[4] *G. Köhler/H. Rögnitz:* Maschinenteile, Teubner Verlag, Stuttgart, 1976

[5] *Schlottmann:* Konstruktionslehre, VEB Verlag Technik, Berlin, 1977

[6] *F. L. Nicolet:* Informatik für Ingenieure, Springer Verlag, Berlin/Heidelberg/New York, 1980

[7] *G. Jodan-Engeln/F. Reuter:* Numerische Mathematik für Ingenieure, BI-Hochschultaschenbuch Band 104, 1973

[8] *Jörg Mühlbacher:* Datenstrukturen, Carl Hanser Verlag, München/Wien, 1975

[9] *Rodnay Zaks:* The CP/M Handbook, SYBEX Inc./USA, 1980

[10] *Lothar Papula:* Mathematik für Ingenieure, Vieweg Verlag, Braunschweig/Wiesbaden, 1983

[11] *I. Barrodale/F. Roberts/B. Ehle:* Einführung in die Anwendung von Digitalrechnern, Oldenbourg Verlag, München/Wien, 1973

[12] *G. K. Agrawal:* Minimum Volume Springs, Machine Design 47 (1975), Heft 26, S. 147

[13] *Kollmann:* Welle-Nabe-Verbindungen, Springer Verlag, Berlin/Heidelberg/New York, 1984

[14] *Biezeno/Grammel:* Technische Dynamik, Erster Band/Grundlagen und einzelne Maschinenteile, Springer Verlag, Berlin/Heidelberg/New York, 1971

[15] *H. Nahrstedt:* Statik-Kinematik-Kinetik für AOS-Rechner, Vieweg Verlag, Braunschweig/Wiesbaden, 1980

[16] *H. Nahrstedt:* Festigkeitslehre für AOS-Rechner, Vieweg Verlag, Braunschweig/Wiesbaden, 1981

[17] *H. Nahrstedt:* Maschinenelemente für AOS-Rechner/1, Vieweg Verlag, Braunschweig/Wiesbaden, 1981

[18] *H. Nahrstedt:* Maschinelemente für AOS-Rechner/2, Vieweg Verlag, Braunschweig/Wiesbaden, 1983

# Sachwortverzeichnis